Panchatantram
-The Handbook of Five Strategies

The Complete Book
in Simple Sanskrit & English

Sanjeev Majalikar

Other books by the same author, available on Amazon websites Pothi.com in India:

- Shiksha Bodha: A Guide to Sanskrit Pronunciation
- Samskrita Bodhinii: Study Guide for Spoken Sanskrit
- Sarasa Katha Kaumudi: Short Stories in Sanskrit with English Translation
- Bhagavata Laghu Katha Sangraha: Short Stories in Sanskrit

- I express my gratitude to my teachers, friends, students and family for their continued inspiration and support in my study of Sanskrit.
- All the images in this book are sourced from commons.wikimedia.org, reusableart.com, publicdomainvectors.org, needpix.com. The images are either in the public domain, or under the Creative Commons license (en.wikipedia.org/wiki/Creative_Commons)

Dedicated to my late in-laws

Sadashiv and Maya Mahajani

Foreword

Panchatantram is one of the most frequently translated literary work from Sanskrit to other Indian as well as foreign languages. The creator of the original work is not clearly known. When the book was written is also not clear - probably around 200 BCE. The book is extremely popular as the collection of fables - the stories of crows, serpents, lions and monkeys. Many of us have grown listening to reading these stories in our childhood. And each of those stories supposedly conveys a moral message. As it turns out, that is only half the story.

These depictions ignore the intended theme of the original book. In the beginning, the book sets the tone - to transform the untrained princes into the masters of governance within a short period. The book is laid out nicely into five sections - breaking the enemy alliance, securing the alliance, war games, risking the gains and risk of hasty actions. These are the five important strategies for any statesman to be familiar with. To present these strategies, the book takes a bold approach. It is not shy with any of its story lines. It does not restrict itself to just crows and turtles. It is certainly not a book that can be directly consumed by children, as we know today. While narrating each story, the book tries to emphasize on the underlying message through multitude of verses. Many of these are widely in circulation among masses as popular Subhashitas - quotable quotes.

In this rendition, I have presented all the stories from the original work in simple-to-read and understand Sanskrit words. I have also covered the anchor or base stories of each section. So, no part of the original work has been left out. No alteration has been made to the original story narration, except only in a couple of instances where some moderation was felt necessary for general consumption. After each story, its English translation is also given. I have attempted to keep the English translation closely following the meaning of the Sanskrit text. This should make understanding the meaning of each sentence easy. At the beginning of each story, there is a quote, randomly picked from the original work. Under each story, I have given a one-line message conveyed by that story. Note that these messages may not necessarily fit the standards of morality for many.

By keeping the rendition true to its original theme, I am hoping that the readers can understand the underlying message of each story. These stories are not just for kids - be good, act good kind. If one focuses on the strategical messages conveyed by them, they can really benefit in life's challenging situations. These strategies are especially useful for statesmen, leaders, managers at all times, serving as a quick handbook for them.

November 1st, 2019

Sanjeev Majalikar
http://bhashabodha.blogspot.com

The Characters in Panchatantram

The characters in the entire story can be summarized as follows, not in any particular order:

People
- Kings
- Ministers
- Scholars
- Merchants
- Servants of merchants
- Construction workers
- King's servants
- Ascetics
- Cheaters, cunning, wicked people
- Thieves
- Weavers
- Mechanics
- Housewives
- City dwellers
- Friends of men
- Friends of women
- Babies
- Farmers
- Potter
- Washer-men
- Children
- Brahmanas
- Princes
- Princesses
- Blind
- Hunchback
- Policemen, guards
- Lord Vishnu
- God Garuda
- Sun, Wind, Mountain gods
- Fishermen
- Hunters
- God of Action
- God of Doing
- Demons

Animals
- Lions
- Bulls
- Foxes
- Monkeys
- Crows
- Donkeys
- Dogs
- Cranes
- Crabs
- Eagles
- Wolves
- Tigers
- Boar
- Frogs
- Camels
- Cows
- Elephants
- Horses
- Swans
- Roosters
- Pigeons
- Owls
- Serpents
- Mongooses
- Ants
- Sparrows
- Cheetah
- Hares
- Mice
- Deer
- Turtles
- Two-headed bird
- Bedbug
- Lice
- Crocodile
- Fish

अनुक्रमणिका Table of Contents

पञ्चतन्त्रम् 1

पण्डितस्य प्रतिज्ञा 1

Vow of the Scholar 2

मित्रभेदः 3

शृगालस्य भेदनीतिः 3

Fox's Strategy of Separating 6

कीलोत्पाटी वानरः 9

Wedge-removing Monkey 9

शृगालः दुन्दुभिः च 10

Fox and Drum 10

सेवकस्य अपमानम् 11

Disrespect of Servant 12

शिष्यवञ्चना 13

Deceit by Student 14

वेषधारी कौलिकः 16

Weaver in a Costume 18

वञ्चकबकः 20

Crane, the Cheater 21

काकः कनकसूत्रं च 22

Crow and Golden Necklace 23

चतुरः शशकः 24

The Smart Hare 25

मत्कुणबुद्धिः 26

Bedbug's Thinking 27

राजा ककुदद्रुमः 28

King Kakudruma 29

उष्ट्रबलिः 30

Sacrifice of Camel 31

टिट्टिभः समुद्रः च 33

Rooster and the Sea 34

कम्बुग्रीवः कच्छपः 36

Kambugriva, the Turtle 37

मन्दबुद्धिः मत्स्यः 38

The Stupid Fish 39

चटकः उन्मत्तगजः च 40

Sparrow and the Rogue Elephant 41

धूर्तशृगालः 42

The Cunning Fox 43

मूर्खोपदेशः 44

Advice to the Stupid 44

अनुचितोपदेशः 45

Improper Advice 45

धर्मबुद्धिः पापबुद्धिः 46

Dharmabuddhi and Papabuddhi 48

वञ्चककर्कटः 50

Crab, the Cheater 51

तुलाखादनम् 52

Eating of the Scale 53

मूर्खसेवकः 54

The Stupid Servant 54

चोरब्राह्मणः 55

Brahmana, the Thief 56

मित्रप्राप्तिः 57

हरिणमोचनम् 57

Release of the Deer 59

कपोतमोचनम् 61

Release of the Pigeon 62

परिव्राजकः मूषकः च 64

Ascetic and the Mouse 66

तिलविक्रयः 68

Selling the Sesame Seeds 69

लोभी शृगालः 70

The Greedy Fox 70

प्राप्तव्यमर्थः 71

Praptavyamarthah 73

सोमिलकस्य भाग्यम् 76

Fate of Somilaka 78

वृषभानुसारी शृगालः 80

The Fox Following a Bullock 81

काकोलूकीयम् 82

काकानाम् उलूकानां वैरम् 82

Enmity between Crows and Owls 85

शशकः गजयूथः च..88

Rabbit and the Elephant Herd....................................89

मार्जारमुनिः...90

The Ascetic Cat 91

त्रयः धूर्ताः..92

Three Cunning People 93

मार्गच्युतः सर्पः..94

The Lost Serpent...94

सुवर्णलोभी ब्राह्मणः 95

The Brahmana with Greed of Gold.............................96

हंसकलहः..97

Quarrel of the Swans 97

धार्मिकः कपोतः..98

The Righteous Pigeon 99

वृद्धवणिक्..100

The Old Merchant..100

ब्राह्मणभाग्यम्...101

Fate of the Brahmana...102

सर्पकलहः...103

Quarrel of the Serpents 104

मूर्खः रथकारः..105

The Stupid Mechanic 106

मूषककन्या...107

The Mouse Girl..108

सुवर्णपक्षी...109

The Golden Bird 109

मूर्खसिंहः..110

The Stupid Lion 111

सर्पवाहनम्..112

The Serpent Ride 113

ब्राह्मणस्य उपायः..114

Brahmana's Trick 115

लब्धप्रणाशः 116

मधुरं हृदयम्..116

The Sweet Heart 118

मण्डूककुलनाशः..120

Destruction of Frog's Family.....................................121

वञ्चितः गर्दभः 122

The Tricked Donkey 123

शस्त्रचालकः कुम्भकारः 124

The Weapon-wielding Potter 125

सिंहभ्राता शृगालः 126

The Fox - Brother of Lions 127

दुष्टा ब्राह्मणी 128

Brahmana's Wicked Wife 130

पत्नीसेवा 132

Serving the Wife 133

व्याघ्ररूपी गर्दभः 134

The Tiger-skinned Donkey 134

स्त्रीः शृगाली च 135

Lady and the Fox 136

घण्टायुता उष्ट्री 137

Camel with the Bell 138

शृगालस्य कूटनीतिः 139

Smart Strategy of the Fox 140

विदेशगतः शुनकः 141

The Dog That Went to Another City 141

अपरीक्षितकारकम् **142**

रत्नलोभी ब्राह्मणः 142

The Brahmana Greedy of Diamond 144

लोभी नापितः 147

The Greedy Barber 148

शिशुरक्षकः नकुलः 149

The Mongoose Who Saved the Baby 150

मूर्खब्राह्मणाः 151

The Stupid Brahmanas 152

पुस्तकपण्डिताः ब्राह्मणाः 153

The Bookish Brahmanas 154

मन्दमत्स्यौ 156

The Lazy Fish 157

गायकः गर्दभः 158

The Singer Donkey 159

चतुर्बाहुः कौलिकः 160

The Four-Armed Weaver 161

कृपणः भिक्षुकः 162

The Miser Beggar 163

वानरस्य वैरम् 164

Revenge of the Monkey 166

विकालराक्षसः 168

Vikala, the Demon 169

अन्धः कुब्जः च 170

The Blind and the Hunchback 171

राक्षसव्रतम् 173

Vow of the Demon 173

द्विमुखः भारुण्डः 174

The Two-headed Bird 175

मार्गमित्रम् 176

Friend on the Road 177

पञ्चतन्त्रम्

मुख्यकथा

पण्डितस्य प्रतिज्ञा

अनन्तपारं किल शब्दशास्त्रं स्वल्पं तथायुर्बहवश्च विघ्नाः ।
सारं ततो ग्राह्यमपास्य फल्गु हंसैर्यथा क्षीरमिवाम्बुमध्यात् ॥

भारतदेशे महिलारोप्यं नाम नगरम् आसीत् । तत्र अमरशक्तिः नाम महाराजः । महाराजस्य त्रयः पुत्राः बहुशक्तिः उग्रशक्तिः अनन्तशक्तिः इति । ते महामूर्खाः इति महाराजः बहु दुःखितः आसीत् । सः सचिवगणम् आहूय पुत्राणां बुद्धिवर्धनं कथं भवति इति चर्चां करोति । एकः सचिवः वदति - "व्याकरणशास्त्रस्य अभ्यासार्थं द्वादशवर्षाः आवश्यकाः । अनन्तरं धर्मशास्त्राणि अर्थशास्त्रम् इत्यादीनाम् अभ्यासः भवति । एवं महापरिश्रमेण ज्ञानसिद्धिः भवति" । अन्यः सचिवः वदति - "जीवनम् अशाश्वतम् । समयः अल्पः । अतः संक्षेपेण शास्त्राध्ययनं कृत्वा ज्ञानवर्धनं कथं भवति इति चिन्तयामि । विष्णुशर्मा नाम एकः प्रसिद्धः महापण्डितः अस्ति । तस्य समीपे भवतः पुत्रान् प्रेषयतु । तस्य समीपे अध्ययनं कृत्वा राजपुत्राः अल्पकाले ज्ञानसम्पादनं कुर्वन्ति" ।

महाराजः पण्डितम् आह्वयति । एते राजपुत्राः अल्पसमये शास्त्रनिपुणाः भवेयुः तथा करोतु इति प्रार्थयति । यदि एतत् कार्यं करोति तर्हि बहु धनं ददामि इति वदति । तदा विष्णुशर्मा वदति - "महाराज, अहम् अशीतिवर्षस्य वृद्धः । मम धनेन प्रयोजनं नास्ति । भवतः प्रार्थनाम् अहं स्वीकरोमि । मम प्रतिज्ञा अस्ति - केवलं षण्मासकाले भवतः पुत्राः नीतिशास्त्रनिपुणाः भवन्ति । अन्यथा अहं स्वनामत्यागं करोमि" । तत् श्रुत्वा महाराजः सन्तोषेण पुत्रान् पण्डितेन सह प्रेषयति । विष्णुशर्मा राजपुत्रान् स्वस्य आश्रमं नयति । तत्र मित्रभेदः मित्रप्राप्तिः काकोलूकीयः लब्धप्रणाशः अपरीक्षितकारकं च इति पञ्चतन्त्राणि सः रचयति । राजपुत्रान् तानि तन्त्राणि पाठयति । राजपुत्राः तेषाम् अध्ययनं कृत्वा षण्मासकाले नीतिशास्त्रे निपुणाः भवन्ति । ततः पञ्चतन्त्रं नाम नीतिशास्त्रं भूतले प्रसिद्धम् अस्ति ।

नीतिः
शास्त्रविषयः बहु विशालः । तथापि जीवितकाले तेषाम् अध्ययनं साररूपेण कर्तव्यम् ।

Panchatantram

The Base Story

Vow of the Scholar

The knowledge is vast. The life is short. There are many obstacles. As a swan picks little milk from water, one should absorb the essence (of the vast knowledge).

In Bharata region, there was a city called Mahilaropyam. In there was the king by the name Amarashakti. The king's three sons were Bahushakti, Ugrashakti and Anatashakti. Knowing that they are great fools, the king became very sorrowful. He called the group of ministers and discusses about how the intellect of the sons should grow. One minister says - "To study the science of grammar, twelve years are required. Thereafter, the study of sciences like good mannerism, economics will take place. Like this with great hard work, the attainment of knowledge happens". Another minister says - "The life is not a sure thing. The time is less. Therefore, I am thinking about how to increase the knowledge by studying summarily. There is a great scholar by the name Vishnusharma. Send your sons to him. Studying at him, the princes earn the knowledge in little time".

The king calls for the scholar. He requests him to do such that these princes become experts in sciences in a little time. He says if you do this work, then I will give you a lot of money. Then Vishnusharma says - "King, I am an old of eighty years. I have no use of money. I will accept your request. I swear - Only within six months, your sons will become experts in the strategic sciences. Otherwise I will abandon my name". Hearing that, the king happily sends his sons with the scholar. Vishnusharma takes the princes to his hermitage. There he develops five strategies - breaking the enemy alliance, securing the alliance, war games, risking the gains and risk of hasty actions. He teaches those strategies to the princes. The princes, study them and only within the time of six months they become experts in the strategic sciences. There onwards, the strategic science by the name Panchatantram is famous in the world.

Message
The knowledge is very vast. Even then, in one's lifetime, one should at least do their study in summary.

प्रथमं तन्त्रम्

मित्रभेदः

मुख्यकथा

श्रृगालस्य भेदनीतिः

ययोरेव समं वित्तं ययोरेव समं बलम् ।
तयोर्मैत्री विवाहश्च न तु पुष्टविपुष्टयोः ॥

भारतदेशे महिलारोप्यं नाम नगरम् । तत्र वर्धमानकः नाम एकः वणिक् आसीत् । तस्य समीपे बहु धनम् आसीत् । तथा अपि इतोऽपि अधिकं धनं कथं प्राप्नोमि इति तस्य चिन्ता भवति । दूरदेशं गत्वा वाणिज्यकार्यं करोमि चेत् अधिकधनसम्पादनं भवति इति सः चिन्तयति । तस्य समीपे वृषभद्वयम् अस्ति । एकस्य वृषभस्य नाम संजीवकः । अन्यः नन्दकः । वर्धमानकः वृषभद्वयेन सह दूरदेशं प्रति गच्छति । मार्गमध्ये यमुनानदी अस्ति । जलं पातुं वृषभः संजीवकः नदीतीरं गच्छति । नदीतीरे पङ्कः भवति । तस्य पादः पङ्के गच्छति । संजीवकः पङ्कात् बहिः आगन्तुं न शक्नोति । वर्धमानकः दिनत्रयं तत्र एव स्थित्वा संजीवकः पङ्कात् बहिः आगच्छति इति प्रतीक्षां करोति । परन्तु संजीवकः पङ्के एव तिष्ठति । वर्धमानकः दुःखेन संजीवकं तत्र एव त्यक्त्वा दूरदेशं प्रति गच्छति । संजीवकः पञ्चदिनानन्तरं कथञ्चित् पङ्कात् बहिः

आगच्छति । नदीतीरे सस्यानि तृणं च खादित्वा संतोषेण विहरति । अल्पकाले सः महाकायः भवति । मध्ये मध्ये महागर्जनं करोति।

समीपे एकं वनम् अस्ति । वनस्य राजा पिङ्गलकः नाम सिंहः । सः एकदा परिवारसहितः जलार्थं नदीतीरम् आगच्छति । दूरात् एव वृषभस्य महागर्जनं श्रृणोति । तत् गर्जनं वृषभस्य ध्वनिः इति न जानाति । गर्जनशब्दं श्रुत्वा भीतः भवति । कस्यचित् वृक्षस्य मूले गत्वा तिष्ठति । पिङ्गलकसिंहस्य परिवारे करटकः दमनकः च इति श्रृगालद्वयम् आसीत् । दमनकः वदति - "हे करटक, किमर्थं पिङ्गलकः भीतः वृक्षस्य मूले तिष्ठति?" करटकः वदति - "तस्य भयस्य किमपि कारणं भवतु । तेन किं कर्तव्यम्? वृथा आसक्तिः मास्तु"। दमनकः वदति - "एषः मृगराजः इदानीं भीतः । मम बुद्धिप्रयोगं कृत्वा तस्य भयं दूरीकरोमि । ततः सचिवपदवीं प्राप्नोमि" । इति उक्त्वा दमनकः सिंहस्य समीपं गच्छति ।

दमनकश्रृगालः पिङ्गलकसिंहस्य समीपम् आगत्य तस्य भयस्य कारणं पृच्छति । पिङ्गलकः दूरात् गर्जनशब्दः आगच्छति तस्मात् भयं भवति इति कथयति । दमनकः वदति - "केवलं शब्दं श्रुत्वा भीतः मा भवतु । अहं गत्वा शब्दस्य मूलं किम् इति जानामि । तावत् पर्यन्तम् अत्र एव तिष्ठतु"। इति उक्त्वा ततः गच्छति।

दमनकः शब्दस्य मार्गे किञ्चित् दूरं गच्छति । तत्र महावृषभं पश्यति । पुनः पिङ्गलकस्य समीपम् आगत्य वदति - "महाराज, सः शब्दः महावृषभस्य गर्जनम् । सः वृषभः न तु सामान्यवृषभः किन्तु महेश्वरस्य वाहनम् । अत्र नदीतीरे आहारार्थम् आगतः । यदि अनुमतिः अस्ति चेत् तं वृषभं भवतः समीपे आनयामि। भवतः मित्रं करोमि" । सिंहः संतुष्टः दमनकाय सचिवपदवीं ददाति । वृषभम् अत्र आनयतु इति कथयति। दमनकः वृषभस्य समीपं गत्वा वदति - "हे महावृषभ, अस्माकं राजा पिङ्गलकः नाम सिंहः । सः स्वयं चण्डिकादेवीवाहनम् । अत्र समीपे एव वने वसति । भवान् तस्य समीपं गत्वा तस्य मित्रभावेन तिष्ठतु । तदा पिङ्गलकः भवते अभयं ददाति । परन्तु भवान् मया सह अपि मित्रभावेन तिष्ठतु । अहं पिङ्गलकस्य सचिवः । भवतः साहाय्यं करोमि" । इति उक्त्वा दमनकः संजीवकं पिङ्गलकस्य समीपं नयति। पिङ्गलकः संजीवकेन सह मैत्रीं करोति । तेन सह वने सुखेन निवसति । अल्पकाले संजीवकस्य पिङ्गलकस्य च मध्ये मित्रता अधिका भवति । पिङ्गलकः संजीवकेन सह गुहायाम् एव अधिककालं तिष्ठति। वन्यमृगाः मृगराजं बहुदिनेभ्यः न पश्यन्ति । राजा सम्यक् राज्यं न करोति चेत् वने व्यवस्थाभङ्गः भवति इति ते चिन्तिताः भवन्ति ।

तदा करटकश्रृगालः वदति - "हे दमनक, भवान् स्वार्थाय संजीवकवृषभम् अत्र आनीतवान् । तस्य फलं पश्यतु । इदानीं पिङ्गलकस्य संजीवकस्य च मध्ये अतीव मित्रता अस्ति । पिङ्गलकः राज्यकार्ये अनासक्तः । भवान् एव किञ्चित् उपायं करोतु" । दमनकः वदति - "अस्तु, एषः मम दोषः एव । एकम् उपायं करोमि। पिङ्गलकस्य संजीवकस्य च मध्ये वैरं स्थापयामि" । इति उक्त्वा दमनकः सिंहस्य समीपं गत्वा वदति - "महाराज, संजीवकः भवतः विषये द्रोहं चिन्तयति । एतावत् पर्यन्तं भवतः सकाशे स्थित्वा भवतः शक्तिं सम्यक् जानाति । शीघ्रम् एव भवन्तं मारयित्वा स्वयं वनस्य राजा भवितुम् इच्छति । इति सः मम

समीपे स्वयम् उक्तवान् । एतेन वृषभेन किमपि प्रयोजनं नास्ति । वृषभं मारयतु” । पिङ्गलकः वदति - “संजीवकः मम विषये कथं एवं चिन्तयति? सः मम परममित्रम् । कथं तं मारयामि?” दमनकः वदति - “सः संजीवकः श्वः प्रातःकाले भवन्तं मारयितुम् अत्र आगच्छति । तदा कोपेन तस्य नेत्रं रक्तवर्णं भवति । तदा भवान् यत् योग्यं तत् करणीयम्” । इति उक्त्वा दमनकः संजीवकस्य समीपं गच्छति ।

दमनकः संजीवकं वदति - “हे महावृषभ, भवतः मित्रं पिङ्गलकः शीघ्रम् एव भवन्तं मारयित्वा खादति” । तत् श्रुत्वा संजीवकः वदति - “पिङ्गलकः मम परममित्रम् । कथम् एवं करोति सः?” दमनकः वदति - “सिंहः मांसाहारी । भवान् शाकाहारी । स्वभावतः सिंहः भवतः वैरी । तेन सह मैत्री न योग्या । अतः भवान् कुत्रचित् दूरदेशं गच्छतु” । संजीवकः वदति - “दूरदेशं गत्वा किं प्रयोजनम्? पिङ्गलकं द्रष्टुम् इच्छमि” । दमनकः चिन्तयति - “एषः वृषभः पिङ्गलकेन सह मिलति चेत् प्रायः युद्धं भवति । युद्धे पिङ्गलकः मृतः भवति चेत् अनर्थः संभवति” । दमनकः वदति - “हे संजीवक, सः पिङ्गलकः बहु बलवान्। तेन सह किमर्थं युद्धम्? अतः भवान् दूरदेशं गच्छतु” । इति उक्त्वा दमनकः ततः निर्गच्छति ।

संजीवकः चिन्तयति - “अन्यत्र गच्छामि चेत् तत्र अपि कश्चित् मृगः मां मारयति । पिङ्गलकस्य समीपं गच्छामि चेत् सः प्रायः मह्यम् अभयं ददाति” । इति संजीवकः पिङ्गलकं द्रष्टुं गच्छति । पिङ्गलकः संजीवकं दूरात् एव पश्यति । सः धावित्वा संजीवकस्य उपरि प्रहारं करोति । संजीवकः अपि पिङ्गलकेन सह युद्धं करोति । युद्धे संजीवकः मरणं प्राप्नोति । संजीवकं मृतं दृष्ट्वा पिङ्गलकः “अहं मम मित्रं संजीवकं मारितवान् । एतत् सम्यक् नास्ति” इति बहु दुःखितः भवति । तदा दमनकश्शृगालः पिङ्गलकं वदति - “सः वृषभः शाकाहारी आसीत् । स्वभावतः एव सः भवतः वैरी । तं मारयित्वा भवान् सम्यक् कार्यं कृतवान् । अत्र दुःखं न कर्तव्यम्” । पिङ्गलकः दुःखं त्यजति । सः दमनकं सचिवपदवीं दत्वा वनस्य राज्यकार्यं करोति।

नीतिः
येषु समानता नास्ति तेषु मित्रत्वं न सुलभम् ।

The First Strategy

Breaking the Enemy Alliance

The Anchor Story

Fox's Strategy of Separating

The friendship or relationship works between the two who have similar wealth or similar strength. It does not work if one has more (of wealth or strength) and the other has less.

In Bharata region, there was a city by the name Mahilaropyam. There lived a merchant called Vardhamanaka. Near him, there was lot of money. He worries that how do I get even more money. He thinks that if I go to a distant place and do the trading work, I will earn more money. He has a pair of bulls. Name of one is Sanjeevaka. The other is Nandaka. Vardhamanaka with the paid of the bulls goes towards the distant country. On the way is Yamuna river. To drink the water, Sanjeevaka goes to the river bank. On the river bank, there is soft mud. His foot goes inside the soft mud. Sanjeevaka cannot come out of the soft mud. Vardhamanaka stays there only for three days and expects that Sanjeevaka comes out of the soft mud. But Sanjeevaka stays in the soft mud only. Vardhamanaka with grief leaves behind Sanjeevaka and goes towards the distant country. Sanjeevaka after five days somehow comes out of the soft mud. On the river bank, he eats plants and grass and wanders happily. In a short time, he becomes big-bodied. In between, he roars loudly.

The fox Damanaka comes near the Pingalaka lion and asks the reason for its fear. Pingalaka says a sound comes from a distance, and because of that he is afraid. Damanaka says - "Listening to jut the sound, do not be afraid. I will go and find out the source of the sound. Until then you stay here only". Saying this, he goes away from there.

Damanaka goes a bit in the direction of the sound. There he sees a big bull. He again comes near Pingalaka and says - "King, that loud sound is the roar of a big bull. That bull is not an ordinary bull but is the vehicle of Maheshvara. He came here to the river bank for food. If there is permission, I will bring that bull near you. I will make it your friend". The lion, becoming happy, gives Damanaka the place of a minister. He tells him to bring the bull there. Damanaka goes near the bull and says - "Hey big bull, our king is a lion by the name Pingalaka. He is the vehicle of Goddess Chandi. He lives in a forest nearby. You go to him and stay with friendship. I am the minister of Pingalaka. I will help you". Saying thus, Damanaka takes Sanjeevaka near Pingalaka. Pingalaka makes friendship with Sanjeevaka. He lives with him happily in the forest. In a short time, the friendship increases between Sanjeevaka and Pingalaka. Pingalaka stays with Sanjeevaka in the cave only for a long time. The animals in the forest do not see the king of the animals for many days. They become worried that ff the king does not properly rule the kingdom, then the arrangements in the forest would be disturbed.

Then the fox Karataka says - "Hey Damanaka, for your selfishness, you brought Sanjeevaka bull here. Look at the result. Now, there is a lot of friendship between Pingalaka and Sanjeevaka. Pingalaka is not interested in the works of the kingdom. You only think of a solution". Damanaka says - "Okay, this is my mistake only. I will work out a solution. I will establish enmity between Pingalaka and Sanjeevaka". Saying this, Damanaka goes near the lion and says - "King, Sanjeevaka thinks of betrayal in your aspect. Staying near you until now, he knows your strength properly. Soon, he will kill you and will become the king of the forest himself. Thus, he said himself. There is no use of this bull. Kill the bull". Pingalaka says - "How come Sanjeevaka thinks about me like this? He is my close friend. How would I kill him?" Damanaka says - "That Sanjeevaka tomorrow morning comes here to kill you. Then he would have red eyes because of anger. Then you do whatever is fit". Saying this, Damanaka goes near Sanjeevaka.

Damanaka says to Sanjeevaka - "Hey big bull, your friend Pingalaka will soon kill you and eat". Hearing that, Sanjeevaka says - "Pingalaka is my close friend. How can he do this?" Damanaka says - "Lion is a meat-eater. You are a plant-eater. By nature, lion is your enemy. It is improper to have friendship with him. Therefore, you go to some other distant place". Sanjeevaka says - "What is the use of going to a distant place? I would like to see Pingalaka". Damanaka thinks - If this bull meets Pingalaka then probably fight will take place. If Pingalaka dies in the fight, then it is not good". Damanaka says - "Hey Sanjeevaka, that Pingalaka is very strong. Why there should be fight with him? Therefore, you go to a distant place". Saying this, Damanaka goes away from there.
Sanjeevaka thinks - "If I go to a different place, then some animal will kill me. If I go near Pingalaka, then probably he will give me shelter". Thus, Sanjeevaka goes

to see Pingalaka. Pingalaka sees Sanjeevaka from a distance itself. He runs and hits Sanjeevaka. Sanjeevaka also fights with Pingalaka. In the fight, Sanjeevaka attains death. Seeing Sanjeevaka dead, Pingalaka thinks "I killed my friend Sanjeevaka. This is not good" and becomes very grieved. Then the fox Damanaka says to Pingalaka - "That bull was a plant-eater. By nature, it was your enemy. You have killed him and done a good job. Here, sorrow should not be done". Pingalaka abandons the grief. He gives the place of minister to Damanaka and does the work of the kingdom.

Message
Between those who are not equal, friendship is difficult.

कीलोत्पाटी वानरः

अव्यापारेषु व्यापारं यो नरः कर्तुमिच्छति ।
स एव निधनं याति कीलोत्पाटीव वानरः ॥

एकं नगरम् आसीत् । नगरस्य समीपे नूतनदेवालयस्य निर्माणकार्यं भवति । बहवः कर्मकराः तत्र कार्यं कुर्वन्ति । एकः कर्मकरः एकस्य काष्ठस्तम्भस्य विभागं कर्तुम् इच्छति । सः काष्ठस्तम्भस्य किञ्चित् विभागं कृत्वा तस्य छेदे एकं लोहकीलं स्थापयति । तदा मध्याह्नकालः भवति । भोजनार्थं सर्वे कर्मकराः नगरं गच्छन्ति । किञ्चित् कालानन्तरं देवालयस्य समीपम् अनेके वानराः आगच्छन्ति । वानराः तत्र क्रीडन्ति । एकः वानरः काष्ठस्तम्भस्य उपरि उपविशति । तस्य पुच्छं काष्ठस्तम्भस्य मध्ये छेदे गच्छति । सः वानरः मध्ये लोहकीलं पश्यति । सः लोहकीलं काष्ठस्तम्भात् बहिः उत्पाटयति । लोहकीलस्य उत्पाटनात् वानरस्य पुच्छं छेदे कर्तितं भवति ।

नीतिः
यत्र कार्यं नास्ति तत्र यः कार्यं करोति सः नाशं प्राप्नोति ।

Wedge-removing Monkey

One who wishes to do business where he has no business, obtains destruction, just like the monkey trying to pull out the wedge.

There was a city. Near the city, construction of a new temple is going on. Many workers work there. One worker wishes to cut a wooden log. He divides the wooden log a little and puts a metal wedge in the middle. Then it becomes afternoon. All the workers go to the city for lunch. After some time, many monkeys come near the temple. The monkeys play there. One money sits on the wooden log. Its tail goes into the crack in the middle of the wooden log. That monkey sees the metal wedge in the middle. He takes out the wedge out of the wooden log. Because of the removal of the metal wedge, the monkey's tail gets cut in the crack.

Message
If a person puts his hand where he has no business, he begets sorrow.

श्रृगालः दुन्दुभिः च

भये वा यदि वा हर्षे सम्प्राप्ते यो विमर्शयेत् ।
कृत्यं न कुरुते वेगान्न स सन्तापमाप्नुयात् ॥

एकस्मिन् वने गोमायुः नाम श्रृगालः आसीत् । सः आहारम् इच्छति । इतस्ततः भ्रमति । युद्धभूमिं गच्छति। तत्र महाशब्दं श्रृणोति । तस्य भयं भवति । दूरदेशं पलायनं करोमि इति चिन्तयति । पुनः सः चिन्तयति - "समीपं गत्वा एषः शब्दः कस्य इति पश्यामि" । श्रृगालः मन्दं मन्दं शब्दस्य समीपं गत्वा पश्यति । तत्र एकः दुन्दुभिः आसीत् । समीपे एकः वृक्षः आसीत् । यदा वायुः वहति तदा वृक्षस्य शाखा दुन्दुभिं स्पृशति । तदा महाशब्दः भवति । तत् दृष्ट्वा श्रृगालस्य भयनिवारणं भवति । दुन्दुभिमध्ये बहु मांसम् अस्ति इति सः चिन्तयति । तस्य मध्ये बहुकष्टेन छेदनं करोति । दुन्दुभिमध्ये किमपि न भवति । श्रृगालस्य दन्ताः अपि नष्टाः भवन्ति । किमपि खादितुं न शक्नोति । सः निराशः भवति ।

नीतिः
भयं भवतु वा हर्षः भवतु । सम्यक् चिन्तनं कृत्वा कार्यं कर्तव्यम् । शीघ्रं कार्यं करोति चेत् हानिः भवति ।

Fox and Drum

One who calmly thinks in situations of fear and joy and does not hastily does the work, does not get the sorrow.

There was a fox in a forest. He wants to get some food. He wanders here and there. He goes to a battle field. There he listens to a loud sound. He gets frightened. He thinks he should run away to a distant place. He again thinks - "let me go closer and check from where this sound is coming". The fox goes slowly towards the sound. There was a drum (used in the battle). There was a tree nearby. When the wind flows then a tree branch touches the drum. Then the loud sound came out. Seeing that, fox's fear goes away. The fox thinks there is a lot of meat inside the drum. With great difficulty, he makes a hole in the drum. Inside the drum there is nothing. The fox loses its teeth also. He cannot eat anything. He becomes hopeless.

Message
In fear or happiness, one should examine the situation properly. One who takes time to examine, does not undergo suffering.

सेवकस्य अपमानम्

स्तोकेनोन्नतिमायाति स्तोकेनायात्यधोगतिम् ।
अहो सुसदृशी चेष्टा तुलायष्टेः खलस्य च ॥

एकस्मिन् नगरे दन्तिलः नाम धनिकः आसीत् । सः नगरस्य महाराजस्य मित्रम् । दन्तिलस्य विवाहसमारम्भः भवति । नगरस्य सर्वे जनाः आगच्छन्ति । महाराजः अपि आगच्छति । तेन सह गोरम्भः नाम सेवकः अपि आगच्छति । गोरम्भः तत्र महासने उपविशति । तत् दृष्ट्वा दन्तिलः वदति - "हे सेवक, महासने किमर्थम् उपविशति । दूरं गच्छतु" । गोरम्भः अपमानितः दूरं गच्छति । सः चिन्तयति - "दन्तिलः महाराजस्य मित्रम् इति दर्पः अस्ति । तस्य मैत्रीभङ्गं करोमि" ।

एकदा राजभवने महाराजः निद्रां करोति । गोरम्भः तस्य समीपं गत्वा वदति - "मित्रं दन्तिलः महाराजस्य पत्नीम् आलिङ्गितवान्" । महाराजः उत्थाय गोरम्भं पृच्छति "भवान् एवं कथं वदति?" । गोरम्भः वदति "क्षम्यताम् । मम अपि किञ्चित् निद्रा आसीत् । तावत् सम्यक् न दृष्टवान्" । महाराजः चिन्तयति - "मम मित्रं दन्तिलः राजभवने सर्वदा आगच्छति । प्रायः गोरम्भस्य वचनं सत्यम् अस्ति" । सः दन्तिलस्य मैत्रीं त्यजति । दन्तिलः दुःखितः भवति । एतत् गोरम्भस्य एव कार्यम् इति सः चिन्तयति । सः गोरम्भं गृहम् आमन्त्रयति । तस्मै धनम् उत्तमवस्त्रं च ददाति । क्षम्यताम् इति प्रार्थयति ।

गोरम्भः सन्तुष्टः भवति । सः पुनः महाराजस्य निद्रासमये तस्य समीपं गत्वा वदति - "अस्माकं महाराजः अशुद्धहस्तेन एव भोजनं करोति" । तत् श्रुत्वा महाराजः उत्थाय पृच्छति - "अहं कदापि अशुद्धहस्तेन भोजनं न कृतवान् । भवान् एवं कथं वदति?" । गोरम्भः वदति - "क्षम्यताम् । मम किञ्चित् निद्रा आसीत्। निद्रासमये मम मुखात् किमपि बहिः आगच्छति" । तत् श्रुत्वा महाराजः दन्तिलस्य विषयः अपि असत्यम् एव इति चिन्तयति । दन्तिलेन सह पुनः मैत्रीं करोति ।

नीतिः
तुला इव दुर्जनस्य आचरणं भवति । अल्पसमये मनःपरिवर्तनं भवति ।

Disrespect of Servant

With a little cause, reaches high. With little cause, reaches a low point. Oh, the workings of a weighing scale and a wicked person are similar.

In a city, there was a rich man called Dantila. He was a friend of the king of the city. Dantila's wedding ceremony takes place. All the people from the city come (to the wedding). The king also comes (to the wedding). With him also comes a servant named Gorambha. Gorambha sits in a big chair. Seeing that, Dantila says - "Hey servant, why are you in the big chair. Go away". Gorambha, insulted, goes away. He thinks - "Dantila has attitude because he is a friend of the king. I will break the friendship".

Once the king sleeps in the palace. Gorambha goes near him and says - "Friend Dantila embraced king's wife. The king wakes up and asks Gorambha "How do you say this?" Gorambha says - "Forgive me. I was also sleepy. I did not see it properly". The king thought - "My friend Dantila always comes to the palace. Maybe Gorambha's words are true". He abandons the friendship of Dantila. Dantila becomes sorrowful. He thinks that this must be the work of Gorambha. He invites Gorambha to his house. He gives him (to Gorambha) money and nice clothes. He prays him to forgive.

Gorambha becomes happy. He again goes near the king in his sleeping time and says - "Our king eats with dirty hands". Hearing that the king gets up and asks - "I never ate with dirty hands. How do you say this?" Gorambha says - "Forgive me. I was a bit sleepy. While in sleep, anything comes out of my mouth". Hearing that, the king thinks the matter of Dantilas is also falso. He makes friendship with Dantila again.

Message
The mind of a bad person is similar to a weighing scale. It changes its direction very quickly.

शिष्यवञ्चना

आदौ चित्ते ततः काये सतां संपद्यते जरा ।
असतान्तु पुनः काये नैव चित्ते कदाचन ॥

ग्रामे एकं मन्दिरम् आसीत्। तस्मिन् देवशर्मा नाम संन्यासी वसति स्म। भक्तजनाः तस्मै वस्त्रादिदानं कुर्वन्ति स्म। मुनिः दानवस्त्राणां विक्रयणं कृत्वा कालक्रमेण बहु धनवान् भवति। धनं सर्वदा स्वपार्श्वे एव स्थापयति। आषाढभूतिः नाम एकः चोरः धनं चोरयितुम् इच्छति। दिनसमये धनं देवशर्मणः पार्श्वे भवति । मन्दिरस्य प्राकारः द्वारं च बहु उन्नतम् । अतः रात्रिसमये आषाढभूतिः मन्दिरे प्रवेशं कर्तुं न शक्नोति। सः अन्यम् उपायं चिन्तयति । सः देवशर्मणः समीपं गच्छति । नयवचनम् उक्त्वा आषाढभूतिः देवशर्मणः शिष्यः भवति । देवशर्मा दिनसमये तं पाठयति । परन्तु रात्रिसमये मन्दिरे निद्रां कर्तुम् अनुमतिं न ददाति । आषाढभूतिः शिष्यः भूत्वा अपि धनं चोरयितुं न शक्नोति ।

एकदा देवशर्मा कार्यार्थं अन्यत् नगरं गच्छति । आषाढभूतिः अपि तेन सह गच्छति । मार्गे सन्ध्याकालः भवति । समीपे एका नदी भवति । देवशर्मा धनस्यूतं वृक्षमूले स्थापयति । धनस्य रक्षणं कर्तुं शिष्यं वदति। स्नानार्थं सः नदीं गच्छति । आषाढभूतिः धनस्यूतं गृहीत्वा ततः पलायनं करोति । देवशर्मा स्नानं समाप्य आगच्छति । धनस्यूतं न पश्यति । शिष्यम् अपि न पश्यति । सः बहु दुःखितः भवति । अन्यत् नगरं गच्छति । तत्र एकं गृहं गत्वा रात्रिकाले विश्रामार्थं प्रार्थयति । गृहस्थः तस्मै अनुमतिं ददाति ।

गृहस्थस्य पत्नी परपुरुषे अनुरक्ता । तं विषयं सः गृहस्थः जानाति । रात्रौ गृहस्थः मद्यपानं कृत्वा पत्नीं स्तम्भे बन्धनं करोति । स्वयं निद्रां करोति । पत्न्याः एका सखी भवति । सा सखी तत्र आगत्य गृहस्थस्य पत्नीं बन्धनात् मोचयति । स्वयं बन्धने तिष्ठति । गृहस्थपत्नी परपुरुषेण सह मेलितुं गच्छति । गृहस्थः तदा उत्तिष्ठति । मद्यप्रभावः इदानीम् अपि अस्ति । सः सखीं पत्नी इति मत्वा तस्याः नासिकाछेदनं करोति । पुनः निद्रां गच्छति । किञ्चित् कालानन्तरं गृहस्थपत्नी गृहं प्रत्यागच्छति । पुनः स्वयं बन्धने तिष्ठति । तस्याः सखी ततः निर्गच्छति । अनन्तरं गृहस्थः उत्तिष्ठति । पत्नीं पश्यति । तस्याः मुखे नासिकां पश्यति । तस्य आश्चर्यं भवति । पत्न्याः पातिव्रत्यप्रभावः एतत् इति सः चिन्तयति । क्षम्यताम् इति उक्त्वा सः तां बन्धनात् मोचयति । नयवचनानि वदति । एतत् सर्वं देवशर्मा पश्यति ।

तत्र गृहस्थपत्न्याः सखी स्वगृहं गच्छति । तस्याः पतिः एकः नापितः । प्रातः सः एकां छुरिकां दातुं पत्नीं वदति । नापितपत्नी स्वस्य मुखं दर्शयितुं न इच्छति । ततः कुपितः नापितः तस्याः नासिकाछेदनं कर्तुम् इच्छति । पत्नी ततः पलायनं करोति । सा न्यायाधीशस्य समीपं गच्छति । पतिः नासिकाछेदनं कृतवान् इति असत्यं कथयति । न्यायाधीशः तस्मै दण्डं ददाति । देवशर्मा तदा समीपे मार्गे एव भवति । सः तत् सर्वं श्रृणोति । सः न्यायाधीशं सर्वं वृत्तान्तं कथयति । नापितस्य दण्डः न भवति । देवशर्मा अपि दुःखं त्यक्त्वा अग्रे गच्छति ।

नीतिः

दैवबलात् लाभः हानिः वा भवति । तत्र दुःखं न करणीयम् ।

Deceit by Student

Good people attain maturity first in mind and then in body. Wicked people attain maturity in body but never in their mind.

In a village there was a temple. In that lives a ascetic named Devasharma. The devotees offer clothes etc. By selling the clothes that are offered, Devasharma becomes very rich. He keeps the money always by his side. A thief by the name Ashadhabhuti wants to steal the money. In the daytime the money is always beside Devasharma.Temple's compound wall and the door are very high. Therefore, Ashadhabhuti cannot enter the temple at night. He thinks of a different idea. He goes near Devasharma. By saying pleasing words, Ashadhabhuti becomes a disciple of Devasharma. Devasharma teaches him during the daytime. But he does not give permission (to Ashadhabhuti) to sleep in the temple during night time. Ashadhabhuti, though being a disciple, is unable to steal the money.

Once Devasharma goes to a city on work. Ashadhabhuti also goes with him. On the way it becomes evening. There is a river nearby. Devasharma keeps the money bag under a tree. He tells his disciple to guard the money. He goes to the river for bathing. Ashadhabhuti raking the money bag runs away from there. Devasharma comes after finishing the bath. Does not see the money bag. He does not see the disciple also. He becomes very sorrowful. He goes to a different city. He goes to a house and prays for a night stay. The house owner allows him (to stay).

The house owner's wife was interested in a different person. The house owner knows this matter. In the night, the house owner drinks and ties his wife to a pillar. He himself goes to sleep. There is a friend of the wife. The friend comes there and releases the wife. She herself gets tied. The wife goes to meet the other person (her friend). The house owner wakes up in the middle. The effect of the drink is still there. Thinking that the friend of his wife as the wife herself, he cuts her nose. He again goes to sleep. After some time, the wife returns to her house. She again ties herself (to the pillar). Her friend goes away from there. Thereafter, the house owner wakes up. He sees the wife. He sees the nose on her face. He is very surprised. He thinks this is the result of her loyalty (towards him). He says sorry and releases her from the bind. He talks soft words to her. Devasharma sees all this.

There, the friend of the wife goes to her house. Her husband is a barber. In the morning, he tells his wife to give him a knife. His wife does not wish to show her face to him. Enraged because of this, the barber wants to cut her nose. His wife runs away from there. She goes to a judge. She lies (the judge) that her husband cut her nose. The judge imposes fine on him. Devasharma happens to be on that way at that time. He listens to all this. He explains everything to the judge. The barber is not fined. Devasharma abandons his grief and moves ahead.

Message
Gain or loss is because of fate. One should not grieve about it.

वेषधारी कौलिकः

उद्योगिनं सततमत्र समेति लक्ष्मीर्दैवं हि दैवमिति कापुरुषा वदन्ति ।
दैवं निहत्य कुरु पौरुषमात्मशक्त्या यत्ने कृते यदि न सिद्ध्यति कोऽत्र दोषः ॥

एकः कौलिकः आसीत् । एकः रथकारः तस्य मित्रम् । एकदा नगरे देवालये महोत्सवः भवति । बहवः जनाः आगच्छन्ति । मित्रद्वयं तत्र गच्छति । महोत्सवे राजपुत्री अपि देवालयम् आगच्छति । सा अतीव सुन्दरी । राजपुत्रीं दृष्ट्वा कौलिकः तस्याम् अनुरक्तः भवति । परन्तु सा राजपुत्री । मम विवाहः कदापि तया सह न साध्यः इति निराशः भवति । गृहं गत्वा मित्रस्य पुरतः स्वस्य दुःखस्य कारणं निवेदयति । रथकारः वदति - "सर्वं साध्यम् अस्ति । अहम् एकम् उपायं करोमि" । रथकारः गरुडसदृशयन्त्रस्य निर्माणं करोति। काष्ठेन बाहुद्वयस्य किरीटस्य शङ्खचक्रगदापद्माणां च निर्माणं करोति । सः कौलिकं उपायं कथयति ।

तदनुगुणं कौलिकः किरीटं शङ्खचक्रगदापद्मं च धृत्वा श्रीमन्नारायणः इव गरुडयन्त्रस्य उपरि उपविशति । आकाशमार्गेण राजभवने राजपुत्र्याः प्रकोष्ठं गच्छति । राजपुत्री भगवान् नारायणः एव दर्शनं दत्तवान् इति प्रणामं करोति । कौलिकः वदति - "अहं भवत्याः भक्तिं दृष्ट्वा बहु प्रसन्नः । मया सह विवाहं करोतु" । सा विवाहार्थं पितरं महाराजं पृच्छतु इति वदति । कौलिकः वदति - "सामान्यजनाः मम दर्शनं कर्तुं न शक्नुवन्ति । भवती एव मां द्रष्टुं शक्नोति । मया सह विवाहं न करोति चेत् शापं ददामि" । सा राजपुत्री तेन सह विवाहं करोति । एवं कौलिकः नारायणरूपेण प्रतिदिनं तस्याः प्रकोष्ठम् आगत्य तया सह मिलति ।

स्वल्पकालानन्तरं द्वारपालकाः राजपुत्र्याः शरीरे परिवर्तनं पश्यन्ति । ते गत्वा महाराजाय तं विषयं निवेदयन्ति । महाराजस्य चिन्ता भवति । सः राजपुत्रीं पृच्छति । राजपुत्री वदति - "मम समीपं भगवान् नारायणः प्रतिदिनम् आगच्छति । भवान् अद्य वातायनात् स्वयं पश्यतु" । महाराजः तद्दिने वातायनात् प्रकोष्ठे पश्यति । कौलिकः नारायणरूपेण गरुडयन्त्रस्य उपरि उपविश्य आगच्छति । राजपुत्र्या सह संभाषणं कृत्वा पुनः गच्छति । तत् दृष्ट्वा महाराजः बहु आनन्दितः भवति । श्रीमन्नारायणः एव जामाता अस्ति चेत् सर्वं लोकं वशीकरोमि इति सः चिन्तयति ।

महाराजः सेनासहितः समीपस्थराज्यैः सह युद्धं करोति । परन्तु सः विजयं न प्राप्नोति । सः पुत्र्याः समीपं गत्वा वदति - "कृपया तव पतिं नारायणं युद्धे मम साहाय्यं कर्तुं निवेदयतु" । सा पुत्री अपि तद्दिने नारायणरूपिकौलिकं पितरं युद्धे साहाय्यं कर्तुं प्रार्थयति । तदा कौलिकः चिन्तयति - "युद्धे मम मरणं तु निश्चयेन भवति । तथापि अहं राजपुत्र्याः कृते युद्धं करोमि । मरणं प्राप्नोमि" । तत्र वैकुण्ठे भगवान् नारायणः गरुडं वदति - "पश्यतु तं कौलिकम् । सः मम रूपं धृत्वा गरुडयन्त्रस्य उपरि उपविश्य युद्धभूमिं गच्छति । युद्धे तस्य मरणं निश्चयेन भवति । तदा जनाः भगवान् नारायणः एव पराजितः इति चिन्तयन्ति । तत् न उचितम् । युद्धकाले अहं कौलिकाय मम शक्तिं ददामि । भवान् अपि गरुडयन्त्राय तव शक्तिं ददातु । कौलिकस्य युद्धे विजयं भवतु" ।

तथैव कौलिकः नारायणशक्तिं प्राप्नोति । यन्त्रं गरुडशक्तिं प्राप्नोति । युद्धे नारायणरूपिकौलिकः गरुडारूढः सर्वान् शत्रून् मारयित्वा विजयं प्राप्नोति । महाराजः बहु संतुष्टः भवति । राजपुत्रीं वैभवेन विवाहे कौलिकाय ददाति । कौलिकः राजभवने राजपुत्र्या सह संतोषेण निवसति ।

नीतिः
यः प्रयत्नं करोति सः एव यशः प्राप्तुं शक्नोति । केवलं दैवबलात् सिद्धिः न भवति ।

Weaver in a Costume

One who do hard work attain wealth. Lazy people leave it to fate. Forget fate and do hard work with your own strength. What is the harm if there is no success even after trying?

There lived a weaver. One chariot-maker is his friend. Once there happens a celebration in temple. Many people come there. Both the friends go there. In the celebration, the princess also comes to the temple. She is very beautiful. Seeing her, the weaver falls in love with her. But she is princess. My marriage can never take place with her - thinking thus he loses his hope. After going home, he narrates the cause of his sorrow to his friend. The chariot-maker says - "Everything is possible. I will devise an idea". The chariot-maker designs a Garuda (bird)-like machine. Out of wood, he makes two arms, crown, conch, wheel, mace and lotus. He tells the idea to the weaver.

According to that, the weaver wearing the conch, wheel, mace and lotus like Shri Narayana, mounts atop the Garuda machine. By aerial route, he goes to the room of the princess in the palace. The princess thinking that the Lord Narayana himself showed up, prostrates before him. The weaver says "I am very pleased by your devotion. Marry me". She says - "To marry me, ask my father - the king". The weaver says - "Ordinary people cannot see me. You only can see me. If you do not marry me, I will curse you". The princess marries him. Thus, the weaver in the form of Narayana, comes to her room and meets her.

After some time, the door-keepers notice changes in the body of the princess. They go to the king and tells him about it. The king gets worried. He asks the princess. The princess says - "Lord Narayana comes to me every day. You yourself see this through the window today". The king looks through the window that day. The weaver comes in the form of Narayana sitting atop Garuda. He talks to the princess and goes away. Seeing that, the king becomes very happy. He thinks - "When Shri Narayana himself is my son-in-law, I will win the entire world".

The king with his army battles the nearby kingdoms. But he does not win. He goes to his daughter and says - "Please request your husband Narayana to help me in battle". The daughter also that day prays the weaver in the form of Narayana, to help her father in the battle. Then the weaver thinks - "My death is certain in the battle. Even then, I will fight for the sake of the princess. I will die". There in Vaikuntha, Lord Narayana says to Garuda - "Look at that weaver. Wearing my form sitting on the Garuda machine, he goes to the battlefield. His death is certain in the battle. Then the people will think that Lord Narayana himself was defeated. That is not proper. During the battle, I will give my power to the weaver. You also give your power to the Garuda machine. Let the weaver win."

In that manner, the weaver gets the power of Narayana. The machine gets the power of Garuda. In the battle, the weaver in the form of Narayana kills all the enemies and wins. The king becomes very happy. In a jubilant celebration, he gives the princess in marriage to the weaver. The weaver lives happily with the princess in the palace.

Message
The one who tries gets the success. Just by fate, no success will come.

वञ्चकबकः

पूज्यते यदपूज्योऽपि यदगम्योऽपि गम्यते ।
वन्द्यते यदवन्द्योऽपि स प्रभावो धनस्य च ॥

एकस्मिन् वने सरोवरः आसीत् । तस्मिन् अनेके मत्स्याः एकः बकः एकः कर्कटः च वसन्ति स्म । बकः वृद्धः आसीत् । खादनाय मत्स्यान् गृहीतुम् असमर्थः । अतः सः एकं कुटिलोपायं चिन्तयति । एकदिने सः निराहारः तिष्ठति । कर्कटः बकं पृच्छति - "हे बक, किमर्थं भवान् न खादसि अद्य?" बकः वदति - "अहं ज्योतिश्शास्त्रं जानामि । तदनुसारेण अत्र द्वादशवर्षपर्यन्तं वृष्टिः न भवति । सरोवरः निर्जलः भवति । एते मत्स्याः मम परमस्नेहिताः । ते सर्वे मरणं प्राप्नुवन्ति इति अहं बहु दुःखितः" । मत्स्याः अपि तत् वचनं श्रुत्वा भीताः भवन्ति । सर्वे बकस्य समीपम् आगत्य पृच्छन्ति - "अस्माकं रक्षणस्य उपायः कः?" बकः वदति - "अतः किञ्चित् दूरे अन्यः विशालसरोवरः अस्ति । तत्र जलस्य अभावः नास्ति । अहं प्रतिदिनम् एकैकं मत्स्यं तत्र नयामि" । सर्वे मत्स्याः तथैव भवतु इति वदन्ति ।

बकः प्रतिदिनम् एकैकं मत्स्यं पृष्ठस्य उपरि नयति । किञ्चित् दूरं गत्वा मत्स्यम् अधः भूमौ पातयित्वा खादति । एवं कानिचन दिनानि गतानि । तदा कर्कटः वदति - "अद्य मां नयतु" । बकः चिन्तयति - "प्रतिदिनं मत्स्यखादनं भवति । अद्य कर्कटं खादामि । स्वादः भिन्नः भवति" । कर्कटः बकस्य पृष्ठे उपविशति । बकः किञ्चित् दूरं गच्छति । कर्कटः दूरेण मत्स्यानाम् अस्थिसमूहं पश्यति । सः बकं पृच्छति - "तत्र अस्थिसमूहः कथम्?" बकः हसित्वा वदति - "प्रतिदिनम् अहम् एकं मत्स्यं खादामि । तेषाम् मत्स्यानाम् अस्थिसमूहः सः । इदानीम् अहं भवन्तम् अपि खादामि" । तत् श्रुत्वा कर्कटः बकस्य कण्ठे दशनं कृत्वा तं मारयति । कर्कटः पुनः सरोवरं गच्छति । तत्र मत्स्याः कर्कटं पृच्छन्ति - "भवान् किमर्थं प्रत्यागतवान्? बकः कुत्र?" कर्कटः वदति - "भोः मूर्खाः, सः बकः वञ्चकः आसीत् । अनावृष्टिः भवति इति सः असत्यम् उक्तवान् । सरोवरात् मत्स्यान् नीत्वा मार्गे खादितवान् । अतः अहं बकं मारितवान्" ।

नीतिः
यः दुराशां करोति सः नाशं प्राप्नोति ।

Crane, the Cheater

Even a person not worthy of respect, gets the respect. One who is not approachable becomes approachable. One who is not worth to be bowed, gets it. Such is the effect of money.

There was a lake in a forest. In that lived many fish, a crane and a crab. The crane was old. He was unable to catch fish for his meal. So, he thinks of a crooked idea. One day he stands without eating food. The crab asks the crane - "Hey crane, why don't you eat today?" The crane says - "I know the planetary science. According to it, there won't be rain for twelve years. The lake dries up. These fish are my close friends. I am grieved because they all will die". The fish also hearing those words become frightened. All come near the crane and ask - "What is the solution of our protection?" The crane says - "From here, in a little distance, there is another big lake. There is no shortage of water there. I will carry one each of the fish every day". All the fish say so be it.

The crane carries one fish on its back every day. After going a little distance, he fells it on the ground and eats it. Like this, many days go by. Then the crab says - "Today take me." The crane thinks - "Every day, there is fish meal. Today I will eat the crab. I will get a different taste". The crab sits on the back of the crane. The crane goes a little distance. The crab sees the pile of fish bones from distance. He asks the crane - "How come there is a pile of bones?" The crane laughs and says - "I eat a fish every day. That is the pile of bones of those fish. Now, I will eat you also". Hearing that, the crab kills the crane by biting it in the throat. The crab goes back to the lake. There the fish ask the crane - "Why did you come back? Where is the crane?" The crab says - "O stupid, that crane was a cheat. He lied that there would be draught. He took the fish and ate them on the way. Therefore, I killed that crane.

Message
One who desires ill, begets ill.

काकः कनकसूत्रं च

उपायेन जयो यादृग् रिपोस्तादृग् न हेतिभिः ।
उपायज्ञोऽल्पकायोऽपि न शूरैः परिभूयते ॥

वने एकः महान् वृक्षः आसीत् । वृक्षे एकः काकः निवसति स्म । वक्षस्य बिले एकः कृष्णसर्पः वसति स्म। सर्पः काकस्य शिशून् सर्वदा खादति स्म । काकः दुःखितः आसीत् । सर्पस्य निवारणं कथं कर्तव्यम् इति काकः चिन्तयति । समीपे एकः शृगालः वसति । काकः शृगालस्य समीपं गच्छति । सर्पस्य विषयं वदति। तस्य निवारणस्य उपायं पृच्छति । शृगालः किञ्चित् चिन्तयित्वा एकम् उपायं कथयति । काकः उपायं शृणोति । महाराजः तस्य परिवारेण सहितः समीपे जलाशये क्रीडितुम् आगच्छति । तत्र काकः गच्छति । जलाशयस्य तटे राजपरिवारस्य वस्त्राणि आभरणानि भवन्ति । काकः आभरणेषु एकं कनकसूत्रं चञ्च्वा गृह्णाति । कनकसूत्रेण सह डयनं करोति । तत् दृष्ट्वा राजपुरुषाः काकस्य पृष्ठतः धावन्ति । काकः वृक्षस्य समीपं गच्छति । सर्पस्य बिले कनकसूत्रं पातयति । राजपुरुषाः बिले पश्यन्ति । बिले सर्पः भवति । राजपुरुषाः दण्डेन सर्पं मारयन्ति । ते कनकसूत्रं गृहीत्वा गच्छन्ति । एवं काकः सर्पभयात् मुक्तिं प्राप्नोति ।

नीतिः

यः योग्यम् उपायं जानाति सः सुलभतया जयं प्राप्नोति । तस्य अस्त्रशस्त्रस्य आवश्यकता नास्ति ।

Crow and Golden Necklace

Winning using a smart idea is better than winning using weapons. One who knows a smart idea, even if he is weak, does not get defeated by strong people.

There was a big tree in a forest. In the tree, lived a crow. In the hole of the tree, lived a cobra. The serpent always ate the babies of the crow. The crow becomes sorrowful. He thinks of how to get rid of the serpent. Nearby lives a fox. The crow goes to the fox. He tells the fox about the serpent's deeds. He asks the fox about how to get rid of the serpent. The fox thinks a bit and tells him an idea. The crow listens to the idea. The king with his family friends comes to play to a nearby lake. The crow goes there. On the banks of the lake, there were the clothes and ornaments of the royal family. From the ornaments, the crow picks up a golden necklace with its beak. He flies with the golden necklace. Seeing that, the king's men also run behind the crow. The crow goes near the tree. He fells the golden necklace in the serpent's hole. The king's men look in the hole. In the hole, there is the serpent. The king's men kill the serpent with a stick. They take the golden necklace and go away. Thus, the crow gets relieved from the fear of the serpent.

Message
One who knows the right solution, gets the success easily. He does not need any weapons.

चतुरः शशकः

अशनादीन्द्रियाणीव स्युः कार्याण्यखिलान्यपि ।
एतस्मात्कारणाद्वित्तं सर्वसाधनमुच्यते ॥

एकस्मिन् वने अनेके मृगाः आसन् । तत्र भासुरकः नाम सिंहः आसीत् । सः बहु क्रूरः । प्रतिदिनं बहून् मृगान् मारयित्वा खादति स्म । सर्वे मृगाः सिंहस्य पीडया दुःखिताः भवन्ति । ते सर्वे मिलित्वा चिन्तयन्ति। ते सिंहस्य समीपं गत्वा वदन्ति - "हे मृगराज, भवान् प्रतिदिनं वने इतस्ततः गत्वा मृगान् मारयित्वा खादति। अस्माकं एका प्रार्थना अस्ति । प्रतिदिनम् एकः मृगः भवतः समीपम् आगच्छति । भवान् तं मृगं खादतु । एवं भवतः वने भ्रमणं कृत्वा कष्टम् अपि न भवति" । सिंहः वदति - "अस्तु । प्रतिदिनं प्रातःकाले मम खादनम् आवश्यकम् । विलम्बः भवति चेत् अहं सर्वान् मारयामि" ।

एवं प्रतिदिनम् एकः मृगः सिंहस्य समीपं गच्छति । सिंहः तं मृगं मारयित्वा खादति । अनेकानि दिनानि गतानि । क्रमेण एकदा शशकस्य गमनावसरः आगतः । शशकः प्राणभयात् भीतः । सः मार्गे एकं कूपं पश्यति । तत्र किञ्चित् कालम् उपविशति । प्राणरक्षणस्य उपायं चिन्तयति । अनन्तरं सिंहस्य समीपं गच्छति । सिंहः विलम्बेन आगतं शशकं दृष्ट्वा बहु कुपितः भवति | सः वदति - "हे शशक, भवान् अतिलघुः । विलम्बेन अपि आगतः । अतः सर्वान् मृगान् अहं मारयामि" । शशकः वदति - "हे मृगराज, मम विलम्बस्य कारणं श्रृणोतु । वस्तुतः वयं पञ्च शशकाः भवतः आहारार्थं अस्माकं गृहतः निर्गतवन्तः । परन्तु मार्गे एकः अन्यः दुष्टसिंहः आगतवान् । सः स्वयमेव अस्य वनस्य राजा, अन्यः कोऽपि राजा नास्ति इति उक्तवान् । अन्यशशकान् अपि खादितवान् । एतस्मात् कारणात् विलम्बः जातः । क्षम्यताम्" । तत् श्रुत्वा भासुरकः अतिकुपितः वदति - "कः सः अन्यः सिंहः मम वने? तस्य सिंहस्य समीपं मां नयतु । मम बलं दर्शयामि" । शशकः भासुरकं कूपस्य समीपं नयति । कूपे अन्यः सिंहः वसति इति वदति । भासुरकः कूपे पश्यति । तत्र जले प्रतिबिम्बं पश्यति । सः अन्यः सिंहः अस्ति इति भासुरकः चिन्तयति । उच्चैः गर्जनं करोति । कूपतः इतोऽपि उच्चैः प्रतिध्वनिः आगच्छति । प्रतिध्वनिं श्रुत्वा भासुरकः अधिककुपितः भवति । अन्यं सिंहं मारयितुं कूपे पतति । तत्र जले मरणं प्राप्नोति । अनन्तरं वने सर्वे मृगाः आनन्देन वसन्ति ।

नीतिः
यः बुद्धिमान् सः एव बलवान् ।

The Smart Hare

Food makes one's organs to work. Similarly, money makes everything possible.

In a forest, there were many animals. In there was a lion named Bhasuraka. He was very cruel. Every day, he kills many animals and eats them. All the animals, grieved by the pain inflicted by the lion, come together and think. They go near the lion and say - "Hey king of animals, every day you go here and there and eat animals after killing them. We have a request. Every day, one animal comes to you. You eat that animal. Thus, there won't be any difficulty for you by wandering in the forest. The lion says - "Okay, every morning I need the food. If it becomes late, I will kill everyone".

Thus, every day, one animal goes to the lion. The lion kills and eats it. Many days go by. In that order, once comes the turn of a hare. The hare was frightened of losing its life. He sees a well on the way. He sits there for a little time. He thinks of a way to save his life. Then he goes to the lion. The lion looks at the hare who was late and becomes angry. He says - "O hare, you are very tiny. You came late also. Therefore, I will kill all the animals". The hare says - "O king of the animals, listen to the reason for my delay. Actually, five of us hares started from (our) house to become food for you. But on the way, came a wicked lion. He said he himself is the king of this forest and there is no other king. He ate the other hares also. For this reason, the delay happened. Forgive me". Hearing that, Bhasuraka very angrily said - "who is that another lion in my forest? Take me to that lion. I will show my strength". The hare takes Bhasuraka near the well. It says the other lion lives in the well. Bhasuraka looks into the well. There in the water, he sees the reflection. Bhasuraka thinks it is the other lion. He roars loudly. Even louder echo comes from the well. Hearing the echo, Bhasuraka becomes angrier. To kill the other ion, he jumps into the well. There in the water, he attains the death. After that, all the animals live happily in the forest.

Message
One who has wisdom has the strength.

मत्कुणबुद्धिः

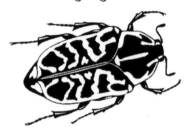

स्वभावो नोपदेशेन शक्यते कर्तुमन्यथा ।
सुतप्तमपि पानीयं पुनर्गच्छति शीतताम् ॥

एकस्मिन् नगरे महाराजः आसीत् । तस्य शयनागारः बहु सुन्दरः । शयनस्य छादनवस्त्रस्य वर्णः श्वेतः । तस्मिन् छादनवस्त्रस्य पुटे एका श्वेता यूका वसति स्म । महाराजः प्रतिरात्रौ शयने निद्रां करोति । यूका प्रतिरात्रौ महाराजस्य शिरः गत्वा रक्तं पिबति । सन्तोषेण निवसति । एकदा तत्र शयने मत्कुणः आगच्छति। मत्कुणं दृष्ट्वा यूका वदति - "हे मत्कुण, कुतः आगतः भवान् । अत्र भवतः कृते स्थानं नास्ति। यतः आगतः तत्र एव प्रतिगच्छतु" । मत्कुणः वदति - "हे यूके, अहं बहु दूरतः आगतः । अहं भवत्याः अतिथिः । कठिनवाक्यं मा वदतु" । यूका वदति - "मत्कुण, भवान् शीघ्रं चलति । अहं तु शनैः चलामि। अतः भवान् एव रक्तपानं प्रथमं करोति । अहं रक्तं पातुं न शक्नोमि" । मत्कुणः वदति - "यूके, चिन्ता मास्तु । भवती एव महाराजस्य रक्तं प्रथमं पिबतु । अहम् अनन्तरं रक्तं पिबामि । एतत् अहं सत्यं वदामि। कृपया आश्रयं ददातु" । यूका मत्कुणस्य वचने विश्वासं कृत्वा "अस्तु । अत्र एव निवसतु" इति वदति ।

रात्रौ महाराजः शयनागारम् आगच्छति । शयने निद्रां गच्छति । तदा मत्कुणः चापल्येन महाराजस्य समीपं शीघ्रं गच्छति । महाराजस्य शरीरे दशनं करोति । मत्कुणस्य दशनं सूची इव बहु तीक्ष्णं भवति । महाराजः शयनात् उत्तिष्ठति । राजपुरषान् शयनागारे आह्वयति । दशनस्य कारणं कुत्र अस्ति पश्यन्तु इति राजपुरुषान् वदति । राजपुरुषाः छादनवस्त्रस्य सम्यक् परीक्षणं कुर्वन्ति । मत्कुणः झटिति शयनस्य संधौ गच्छति । परन्तु यूका झटिति गन्तुं न शक्नोति । राजपुरुषाः यूकां दृष्ट्वा तां मारयन्ति ।

नीतिः
शीलम् अज्ञात्वा कस्य अपि विश्वासं न करोतु ।

Bedbug's Thinking

It is not possible to change the nature by advising. The water, even if it is heated up, again becomes cold.

There was a king in a city. His bedroom was very beautiful. Color of his bed's cover sheet was white. In the fold of that cover sheet, lived a white louse. The king sleeps every night in the bed. The louse goes to the king's head every night and drank the blood. It lives happily. Once comes a bedbug to that bed. Seeing the bedbug, says the louse - "Hey bedbug, from where did you come? There is no place for you here. Go back to the place from where you came". The bedbug says - "Hey louse, I came from a very far place. I am your guest. Don't talk rude". The louse says - "O bedbug, you walk fast. But I walk slowly. Therefore, you only drink the blood first. I don't get the blood". The bedbug says - "O louse, let there be no worry. You only drink the king's blood first. I will drink the blood later. I say this truly. Please give me shelter". The louse trusts the bedbug's words and says "okay, you stay here".

In the night, comes the king to his bedroom. He goes to sleep in his bed. Then the bedbug with his fickleness goes to quickly near the king. He bits the king. The bite of the bedbug is very sharp like a needle. The king gets up from his bed. He calls his men in the bedroom. He tells the men to look for the cause of the bite. The king's men thoroughly examine the bed's cover sheet. The bedbug quickly goes into a crack of the bed. But the louse cannot go fast. The king's men, seeing the louse kill it.

Message
Without knowing the character of a person, do not trust him.

राजा ककुद्रुमः

अप्रकटीकृतशक्तिः शक्तोऽपि जनतिरस्क्रियां लभते ।
निवसन्नन्तर्दारुणि लङ्घ्यो वह्निर्न तु ज्वलितः ॥

कस्मिंश्चित् वने एकः श्रृगालः आसीत् । सः एकदा क्षुधापीडितः नगरं गच्छति । नगरे कुक्कुराः नूतनमृगं दृष्ट्वा श्रृगालं खादितुं तस्य पृष्ठतः धावन्ति । श्रृगालः प्राणभयात् वेगेन धावति । सः एकस्य रजकस्य गृहं प्रविशति । तत्र वस्त्ररञ्जनार्थं नीलरसपात्रं स्थापितम् अस्ति । तस्मिन् पात्रे श्रृगालः पतति । तस्य शरीरं नीलं भवति। तत् दृष्ट्वा सर्वे कुक्कुराः भीताः दूरं पलायनं कुर्वन्ति ।

श्रृगालः पात्रात् बहिः आगत्य वनं गच्छति । वने व्याघ्रः सिंहः वृकः गजः अन्ये श्रृगालाः मृगाः च नीलवर्णश्रृगालं पश्यन्ति । सर्वे भीताः दूरं पलायनं कुर्वन्ति । एषः श्रृगालः वदति - "हे मृगाः, पलायनं मा कुर्वन्तु । मम नाम ककुद्रुमः । अहं देवेन अद्य एव सृष्टः । वनं गत्वा वनराजः भवतु इति देवः माम् अत्र प्रेषितवान्" । तत् श्रुत्वा सर्वे मृगाः श्रृगालस्य समीपम् आगत्य नूतनः राजा इति नमनं कुर्वन्ति । श्रृगालः सिंहाय मन्त्रिपदं दत्तवान् । स्वबान्धवान् श्रृगालान् सर्वान् दूरप्रदेशं प्रेषितवान् ।

प्रतिदिनं सिंहः मृगम् एकं मारयित्वा श्रृगालाय ददाति । श्रृगालः विना श्रमम् आहारं खादति । एवं बहु कालः अतीतः। एकदा दूरप्रदेशं गताः अन्ये श्रृगालाः उत्सवं कृतवन्तः । ते आनन्देन कोलाहलं कृतवन्तः । राजा श्रृगालः दूरतः कोलाहलं श्रृणोति । बान्धवानां स्मरणं भवति । सः दुःखेन उच्चैः रोदनं करोति । तदा सिंहः एषः तु सामान्यश्रृगालः एव अस्ति इति जानाति । सिंहः श्रृगालं मारयति ।

नीतिः

यः स्वजनान् दूरीकृत्य परजनानाम् आदरं करोति तस्य दुर्गतिः भवति ।

King Kakudruma

One who has power, but has not shown it, will get disrespect from others. Even though there is fire inside wood, people cross over it. But they don't cross over a burning wood.

In a forest, there was a fox. He, once being hungry, goes to a city. In the city, the dogs seeing the new animal, chase the fox to eat him. The fox, fearing for his life, runs fast. He enters the house of a washer man. A vessel containing blue liquid to color the clothes was placed there. The fox falls into that vessel. His body becomes blue. Seeing that, all the dogs run away.

The fox comes out of the vessel and goes to the forest. In the forest, lion, tiger, wolf, elephant, other foxes and animals see this blue-colored fox. All of them, afraid, run away. This fox says - "Hey animals, do not run away. My name is Kakudruma. I am created by the god today only. Go to the forest and become the king of the forest - thus sent me the god here. Hearing that, all the animals come near the fox and bow him thinking that he is the new king. The fox gives the post of minister to the lion. He sends all other foxes of his own kin to a distant place.

Every day, the lion kills an animal and gives it to the fox. The fox, without any effort, eats the food. Like this much time passed. Once, the foxes who went to the distant place, did some celebration. They hauled with happiness. The king fox hears the hauling from a distance. He remembers his relatives. He cries loudly. Then the lion knows that it is an ordinary fox. He kills the fox.

Message
One who distances with his own relatives and friends, but makes friends with others, meets his destruction.

उष्ट्रबलिः

न गोप्रदानं न महीप्रदानं न चान्नदानं हि तथा प्रदानम् ।
यथा वदन्तीह बुधाः प्रधानं सर्वप्रदानेष्वभयप्रदानम् ॥

कस्मिंश्चित् वने मदोत्कटः नाम सिंहः आसीत् । तस्य अनुचराः एकः व्याघ्रः एकः काकः एकः श्रृगालः च । एकदा ते सर्वे मिलित्वा वने चरन्ति । तदा एकः उष्ट्रः स्वमार्गात् च्युतः वनप्रदेशे आगच्छति । वने नूतनमृगं दृष्ट्वा सिंहः तस्मै अभयं ददाति । उष्ट्रं मित्ररूपेण स्वीकरोति । उष्ट्रः वने सिंहादिभिः सह सुखेन वसति । एकदा सिंहस्य गजेन सह युद्धं भवति । युद्धे सिंहस्य शरीरे क्षतिः भवति । शरीरवेदनात् सिंहः कुत्रचित् चलितुम् अपि न शक्नोति । तदा सिंहः वदति - "हे मम मित्राणि, अहं चलितुं अशक्तः । कस्यचित् मृगस्य अन्वेषणं कुर्वन्तु यस्य हननं मदर्थे सुलभं भवति" ।

व्याघ्रः काकः श्रृगालः च वने इतस्ततः मृगस्य अन्वेषणं कुर्वन्ति । कुत्रापि मृगं न पश्यन्ति यस्य हननं सुलभम् अस्ति । तदा ते मन्त्रयन्ति । श्रृगालः वदति - "भोः काक, अस्माकम् अन्वेषणं व्यर्थम् । सिंहस्य मित्रम् उष्ट्रम् एव मारयित्वा खादयामः" । काकः वदति - "भवान् सम्यक् वदति । परन्तु सिंहः उष्ट्राय अभयं दत्तवान् । तस्य हननं न उचितम्" । श्रृगालः वदति - "अहं कञ्चित् उपायं करोमि येन सिंहः उष्ट्रस्य हननं करिष्यति" । इति चिन्तयित्वा व्याघ्रः काकः श्रृगालः च सिंहस्य समीपं गच्छन्ति ।

श्रृगालः वदति - "हे मृगराज, सर्वं वनं दृष्ट्वा वयम् आगताः । कमपि मृगं न दृष्टवन्तः । अस्माकं सर्वेषां तथा भवतः अपि बहु बुभुक्षा अस्ति । इदानीम् एकः एव मार्गः अस्ति । अस्य उष्ट्रस्य हननं कृत्वा खादयामः" । तत् श्रुत्वा सिंहः कोपेन वदति - "अहम् उष्ट्राय प्राणरक्षणस्य अभयं दत्तवान् । तस्य हननं न उचितम्" । श्रृगालः वदति - "अभयप्रदानं दत्वा हननं करोति चेत् निश्चयेन पापकार्यं भवति । परन्तु यदि उष्ट्रः स्वयम् एव आहाराय अर्पणं करोति तर्हि न दोषः" । सिंहः - "अस्तु, तदा दोषः नास्ति" इति वदति। श्रृगालः शीघ्रं सर्वेषां समीपं गत्वा वदति - "अस्माकं मृगराजस्य शरीरे बहु वेदना अस्ति । बुभुक्षा अपि अस्ति । बहु कष्टकालः । वयं तस्य साहाय्यं न कुर्मः चेत् तस्य मरणं संभवति । अस्मासु कः मृगराजं रक्षितुम् इच्छति? कः तस्य आहारः भवितुं सिद्धः"?

व्याघ्रः काकः श्रृगालः उष्ट्रः च मिलित्वा सिंहस्य समीपं गच्छन्ति । काकः वदति - "हे मृगराज, मां खादतु। तव जीवनस्य रक्षणं करोतु" । श्रृगालः वदति - "भोः काक, भवान् अल्पकायः । भवतः खादनेन मृगराजस्य किमपि प्रयोजनं न भवति । हे मृगराज, कृपया मां खादतु" । तत् श्रुत्वा व्याघ्रः वदति - "भोः श्रृगाल, भवान् अपि अल्पकायः । भवतः खादनेन अपि मृगराजस्य तृप्तिः न भवति । अतः मृगराज, मां खादतु" । तत् श्रुत्वा उष्ट्रः वदति - "भवन्तः सर्वे अल्पकायाः । अहं महाकायः । मम खादनेन निश्चयेन तृप्तिः भवति । आहारार्थं स्वस्य अर्पणं करोमि" । तदा झटिति श्रृगालः व्याघ्रः च उष्ट्रस्य हननं कृतवन्तौ । सर्वे मिलित्वा उष्ट्रं खादितवन्तः ।

नीतिः

क्षुद्रजनानां मध्ये निवासः अपायकरः ।

Sacrifice of Camel

Donating food is better than donating cows or land. As the wise say, giving assurance of security is the important thing.

In a forest, lived a lion by the name Madotkata. His followers were a tiger, a crow and a fox. Once they wander in the forest together. Then a camel which had lost its way came into the forest area. Seeing the new animal in the forest, the lion gives him assurance (not to kill). He takes the camel to be his friend. The camel lives happily with the lion and others. Once the lion's fight happens with an elephant. In the fight, injury happens in the lion's body. Because of the body pain, the lion cannot go anywhere. Then the lion says - "Hey my friends, I cannot walk. Find some animal whose killing is easy for me."

The tiger, crow and fox look for an animal here and there in the forest. They don't find an animal anywhere whose killing is easy. Then they discuss. The fox says - "O crow, our look out is useless. We will kill the camel, the lion's friend and eat it". The crow says - "You say proper thing. But the lion has given assurance to the camel. Killing it is not proper". The fox says - "I will devise an idea by which the lion will kill the camel". Thus thinking, the tiger, crow and fox go to the lion.

The fox says - "Hey king of the forest, we looked around the entire forest and came here. No animal was seen. For us all and for you too, there is a lot of hunger. We will kill this camel and eat it. Hearing this, the lion angrily said - "I have given the assurance to the camel. It is not proper to kill him." The fox says -

"After giving the assurance, if you kill him it is certainly an act of sin. But if the camel offers himself as food, then it is no crime". The lion says - "okay, then there is no crime". The fox quickly goes to all and says - "There is a lot of pain the body of our king of the forest. There is hunger also. Very difficult time. If we don't help him, he will die. Who amongst us would like to save the king of the forest? Who is ready to be his food?"

The tiger, crow, fox and camel together go near the lion. The crow says - "Hey king of the forest, eat me. Save your life." The fox says - "O crow, you are tiny-bodied. Eating you, is of no use to the king of the forest. Hey king of the forest, please eat me." Hearing that, the tiger says -"O fox, you are also tiny-bodied. Eating you also does not satisfy the king of the forest. Therefore, eat me. Therefore, O king of the forest, eat me." Hearing that the camel says - "You are all tiny-bodied. I am the big-bodied. Eating me certainly gives satisfaction. I offer myself as your food". Then immediately the fox and the tiger kill the camel. All together ate the camel.

Message
Living amongst mean people is dangerous.

टिट्टिभः समुद्रः च

अविदित्वात्मनः शक्तिं परस्य च समुत्सुकः ।
गच्छन्नभिमुखो नाशं याति वह्नौ पतङ्गवत् ॥

कस्मिंश्चित् समुद्रतीरे एकः टिट्टिभः तथा तस्य पत्नी टिट्टिभी वासं कृतवन्तौ । एकदा टिट्टिभी गर्भवती अभवत् । सा टिट्टिभं वदति - "अहं गर्भवती । अत्र समुद्रतीरे अण्डं ददामि चेत् पूर्णिमादिने समुद्रः अण्डं खादति । अतः कुत्रचित् दूरे सुरक्षितस्थानं पश्यतु । तत्र अहम् अण्डं ददामि" । टिट्टिभः हसित्वा वदति - "हे प्रिये, चिन्ता मास्तु । अहं महाबलवान् । एषः समुद्रः मम किमपि कर्तुं न शक्नोति । भवती विना भयम् अत्र एव अण्डं ददातु" । तत् श्रुत्वा समुद्रः चिन्तयति - "अहो टिट्टिभस्य गर्वः । अहम् अण्डस्य अपहरणं करोमि । एषः लघु टिट्टिभः किं करोति इति पश्यामि" । किञ्चित् कालानन्तरं सा टिट्टिभी समुद्रतीरे अण्डं ददाति ।

एकदा टिट्टिभदम्पती आहारार्थं दूरं गतवन्तौ । तदा समुद्रः अण्डस्य अपहरणं कृतवान् । टिट्टिभी गृहम् आगत्य अण्डं न पश्यति । सा बहु रोदनं करोति । तत् दृष्ट्वा टिट्टिभः वदति - "रोदनं मा करोतु । मम बलं पश्यतु इदानीम् । मम चञ्च्वा समुद्रं सर्वं शोषयामि" । तदा टिट्टिभी वदति - "एषः महासमुद्रः । किमर्थं तेन सह वैरम्? यदि समुद्रेण सह युद्धं कर्तव्यम् एव इति भवतः चिन्तनं तर्हि अन्यानि मित्राणि अपि आह्वयतु । ते अपि भवतः साहाय्यं कुर्वन्ति" । टिट्टिभः पक्षिकुलस्य मित्राणि आह्वयति । समुद्रस्य शोषणकार्ये साहाय्यं करोतु इति प्रार्थयति । मित्राणि वदन्ति - "समुद्रः बहु विशालः । वयं सर्वे मिलित्वा अपि तस्य शोषणं कर्तुं न समर्थाः । अतः साहाय्यार्थम् अस्माकं प्रभुं गरुडं प्रार्थयतु" । टिट्टिभः मित्रैः सह गरुडस्य समीपं गच्छति । समुद्रस्य अण्डखादनविषयं कथयति । तस्य शोषणस्य उपायं पृच्छति । गरुडः अपि तत् श्रुत्वा दुःखितः भवति ।

तस्मिन् समये एकः विष्णुदूतः तत्र आगच्छति । सः दूतः गरुडं वदति - "देवकार्यार्थं विष्णुः कुत्रचित् गच्छति । भवान् शीघ्रम् आगच्छतु" । गरुडः वदति - "मम बान्धवाः इदानीं कष्टे सन्ति । अहम् अपि दुःखितः । इदानीम् आगन्तुं न शक्नोमि" । दूतः पृच्छति - "हे गरुड, भवतः दुःखस्य कारणं किम्?" गरुडः वदति - "एषः समुद्रः विष्णोः वासस्थानम् । सः समुद्रः टिट्टिभस्य अण्डं खादितवान् । यदि विष्णुः समुद्रस्य निग्रहं न करोति तर्हि अहं न आगच्छामि" । दूतः विष्णुदेवस्य समीपं गत्वा तत् सर्वं निवेदयति। विष्णुः गरुडस्य दुःखस्य कारणं समीचीनम् अस्ति इति चिन्तयति । सः गरुडस्य समीपं गच्छति । गरुडः वदति - "एषः समुद्रः उन्मत्तः । टिट्टिभस्य अण्डं खादित्वा मम कुलस्य अपमानं कृतवान् । अहं समुद्रस्य निग्रहं कर्तुं समर्थः । परन्तु भवतः आज्ञा नास्ति इति तस्य निग्रहं न कृतवान्" । तदा विष्णुः टिट्टिभस्य अण्डं पुनः ददातु इति समुद्रं वदति । समुद्रः विष्णुदेवस्य वचनं श्रुत्वा अण्डं टिट्टिभाय ददाति । टिट्टिभः पत्न्या सह संतोषेण निवसति ।

नीतिः

शत्रोः बलस्य विषये ज्ञात्वा एव तेन सह वैरं करणीयम् ।

Rooster and the Sea

Without knowing own and other's strengths one who proceeds to do the work, will be destroyed like an insect falling in fire.

On the banks of a sea, there lived a water-rooster with its wife water-hen. Once the hen became pregnant. She said to the rooster - "I am pregnant. If I lay the egg on the seashore, the sea will eat it on the full moon day. Therefore, find a safe place elsewhere distant". The rooster laughed and said - "Hey dear, let there be no worry. I am very strong. This sea cannot do any (harm) of me. You, without fear, lay egg here". Hearing that, the sea thinks - "Oh the pride of the rooster! I will steal the egg. I will see what this small rooster does". After some time, the hen lays an egg on the seashore.

One time, the rooster and the hen went far to fetch the food. Then the sea stole their egg. The hen comes home and does not see the egg. She cries a lot. Seeing that, the rooster says - "Do not cry. Behold my strength now. Using my beak, I will dry up the entire sea. Then the hen said - "This is a big sea. Why enmity with it? If you must fight with the sea, then call your other friends also. They also will help you". The rooster calls the friends of the birds. He requests them to help in the work of drying up the sea. The friends say - "The sea is very big. We together also cannot dry it up. Therefore, pray our lord Garuda for help". The rooster, with the friends, goes near Garuda. He narrates the egg-eating matter of the sea (to Garuda). He asks about the way to dry up the sea. Garuda also hearing that becomes sorrowful.

At that time, a messenger from Vishnu comes there. The messenger says to Garuda - "Vishnu is going somewhere on the work of the gods. You come quickly. Gruda says - "My relatives are in trouble now. I am also grieved. Now, I cannot come. The messenger asks - "Hey Garuda, what is the cause of your grief?" Garuda says - "This sea is the abode of Vishnu. That sea ate the egg of the rooster. If Vishnu does not bring the sea under control, then I will not come." The messenger goes near Lord Vishnu and tells him everything. Vishnu thinks the reason for Garuda's grief is proper. He goes near Garuda. Garuda says - "This sea is insane. By eating the egg, he has insulted my family. I can tame this sea. But because there was no instruction from you, I did not tame it". Then Vishnu tells the sea to return the egg of the rooster. The sea, listening to Lord Vishnu's words, returns the egg to the rooster. The rooster lives happily with its wife.

Message
One should build enmity only after knowing the strength of the enemy.

कम्बुग्रीवः कच्छपः

त्याज्यं न धैर्यं विधुरेऽपि काले धैर्यात् कदाचिद् गतिमाप्नुयात् सः ।
यथा समुद्रेऽपि च पोतभङ्गे सांयात्रिको वाञ्छति तर्तुमेव ॥

कस्मिंश्चित् जलाशये कम्बुग्रीवः नाम कच्छपः आसीत् । तस्मिन् एव जलाशये हंसद्वयम् अपि वसति स्म । कच्छपस्य हंसयोः मध्ये परममित्रता आसीत् । किञ्चित् कालानन्तरं जलाशये जलं न्यूनम् अभवत् । एकः हंसः कच्छपं वदति - "हे कम्बुग्रीव, अस्मिन् जलाशये जलं बहु अल्पम् अस्ति । आवाम् अन्यं जलाशयं गच्छावः । भवान् अत्र कथं जीवति?" तत् श्रुत्वा कच्छपः वदति - "अहम् अपि नूतनजलाशयम् आगन्तुम् इच्छामि । मां तत्र नेतुम् एकम् उपायं सूचयामि । एकं काष्ठम् आनयतु । तत् काष्ठं चञ्चुमध्ये ग्रहणं करोतु। अहं काष्ठं मम मुखेन मध्ये गृह्णामि । काष्ठसहितम् आकाशे डयनं कृत्वा मां नूतनजलाशयं नयतु"। हंसः वदति - "अस्तु । परन्तु भवान् डयनसमये किञ्चित् अपि न वदतु" । कच्छपः वदति - "अस्तु । अहं डयनसमये किञ्चित् अपि न वदामि" ।

एवं हंसौ तथा कच्छपः काष्ठं गृहीत्वा आकाशे डयनं कृतवन्तः । मार्गे एकः ग्रामः भवति । ग्रामस्य जनाः आकाशे एतत् विचित्रदृश्यं पश्यन्ति । एकः वदति - "किम् एतत् विचित्रं दृश्यम् । हंसद्वयम् अस्ति। मध्ये काष्ठम् अस्ति । तत्र किञ्चित् चक्राकारं वस्तु अस्ति" । अन्ये जनाः कोलाहलं कुर्वन्ति । तं कोलाहलशब्दं श्रुत्वा कच्छपः वदति - "किमर्थम् एषः कोलाहलः?" । यदा कच्छपः भाषणाय मुखम् उद्घाटयति तत्क्षणम् एव सः आकाशात् अधः भूमौ पतति । ग्रामजनाः तं कच्छपं मारयन्ति ।

नीतिः
मित्राणां हितवचनस्य अनादरं न करोतु ।

Kambugriva, the Turtle

One should not abandon patience in bad times. One would attain good thing by being patient. Like a captain of a broken ship in a sea still wishes to float.

In a pond, there was a turtle named Kambugriva. In that same pond, there were a couple of swans. There was a close friendship between the turtle and the swans. After some time, the water becomes scarce in the pond. A swan says to the turtle - "Hey Kambugriva, in this pond there is very little water. We two go to another pond. How do you survive here?" Hearing that, the turtle said - "I also want to come to the new pond. To carry me there, I will suggest an idea. Bring a stick. Hold that stick in the beaks. I will hold the stick in the middle by my mouth. Along with the stick, fly in the sky and take me to the new pond. The swan says - "Okay, but during the flight, do not say anything". The turtle says - "Okay, I won't talk anything during the flight".

Thus, the two swans and the turtle, holding the stick, flew in the sky. On the way, there is a village. The people of the village see this strange scene in the sky. One says - "What a strange view. There are two swans. In between there is a stick. There some circular thing in between". Other people make big noise. Hearing that noise, the turtle says - "What for is this big noise?" When the turtle opens the mouth to talk, at that moment it falls from the sky down to the earth. The villagers kill that turtle.

Message
Do not ignore the wise words of friends.

मन्दबुद्धिः मत्स्यः

अरक्षितं तिष्ठति दैवरक्षितं सुरक्षितं दैवहतं विनश्यति ।
जीवत्यनाथोऽपि वने विसर्जितः कृतप्रयत्नोऽपि गृहे विनश्यति ॥

कस्मिंश्चित् जलाशये त्रयः मत्स्याः वसन्ति स्म । एकदा केचन धीवराः तस्य जलाशयस्य समीपम् आगतवन्तः । ते परस्परं भाषणं कुर्वन्ति - "अस्मिन् जलाशये बहवः मत्स्याः सन्ति । इदानीं सायंकालः । अतः श्वः प्रातःकाले आगत्य मत्स्यग्रहणं करिष्यामः" । तत् श्रुत्वा प्रथमः मत्स्यः वदति - "अहो कष्टकालः । श्वः प्रातःकाले धीवराः आगच्छन्ति । अस्मान् सर्वान् गृहीत्वा मारयन्ति । अतः वयम् इदानीम् एव अन्यं जलाशयं गच्छामः" । द्वितीयः मत्स्यः वदति - "अहो सत्यम् एतत् । इदानीम् एव शीघ्रं वयं नूतनजलाशयं गच्छामः" । तृतीयः मत्स्यः उच्चैः हसित्वा वदति - "अस्माकं पूर्वजानां जलाशयः एषः । एतं जलाशयं त्यक्त्वा पलायनं न उचितम् । भविष्ये किं लिखितम् अस्ति तत् तु निश्चयेन भवति एव । अतः अहं कुत्रापि न गच्छामि" । मत्स्यद्वयं अन्यजलाशयं गच्छति । तृतीयः मत्स्यः तस्मिन् जलाशये एव तिष्ठति । प्रातःकाले धीवराः आगत्य तृतीयं मत्स्यं गृहीत्वा मारितवन्तः ।

नीतिः
आपत्काले आत्मरक्षणार्थं यत् शक्यं तत् करणीयम् ।

The Stupid Fish

One which is unprotected stays protected by fate. One which is protected gets destroyed if not blessed by fate. He lives one which is abandoned in the forest. One which is tried and protected at in house, gets destroyed.

In a lake, there lived three fish. Once, some fishermen came near the lake. They talk amongst each other - "There are a lot of fish in this lake. It is evening now. Therefore, we will come tomorrow morning and catch the fish. Hearing that, the first fish says - "Oh, times of trouble. Tomorrow morning the fishermen will come. They will catch all of us and kill us. Therefore, we will go to a different lake right now". The second fish says - "Oh, this is true. Right now, we will go to a different lake". The third fish laughs loudly and says - "This is the lake of our ancestors. It is not proper to leave this lake and run away. Whatever is written in the future will certainly happen. I won't go anywhere from here". The two fish go to the new lake. The third fish stays in that lake only. In the morning came the fishermen, caught the third fish and killed it.

Message
In times of emergency, whatever needs to be done to save your life, that should be done.

चटकः उन्मत्तगजः च

नष्टं मृतमतिक्रान्तं नानुशोचन्ति पण्डिताः ।
पण्डितानां च मूर्खाणां विशेषोऽयं यतः स्मृतः ॥

कस्मिंश्चित् वने एकः चटकः तस्य पत्न्या सह वृक्षे वसति स्म । एकदा नीडे चटका अण्डं ददाति । एकस्मिन् दिने बहु आतपः भवति । आतपेन पीडितः कश्चित् गजः तत्र आगच्छति । सः गजः उन्मत्तः । यत्र चटकः वसति तां शाखां सः गजः कर्षयित्वा भग्नं करोति । चटकस्य अण्डं नश्यति । नीडः अपि नश्यति । चटकः बहु दुःखितः रोदनं करोति । तत् रोदनं श्रुत्वा चटकस्य मित्रं काष्ठकूटः नाम पक्षी तत्र आगच्छति । दुःखस्य कारणं पृच्छति । चटकः उन्मत्तगजस्य कार्यं कथयति । गजस्य वधस्य उपायं पृच्छति । काष्ठकूटपक्षी उपायम् एकं चिन्तयति । तस्य मित्रद्वयं भवति - एका मक्षिका एकः मण्डूकः च । काष्ठकूटपक्षी मक्षिकायाः मण्डूकस्य च समीपं गत्वा किं करणीयम् इति उपायं कथयति ।

एकस्मिन् मध्याह्नसमये मक्षिका गजस्य समीपं गच्छति । गजस्य कर्णे मधुरशब्दं करोति । गजः मधुरशब्दं श्रुत्वा आनन्देन स्वस्य नेत्रद्वयं निमीलनं करोति । तदा काष्ठकूटपक्षी झटिति गजस्य नेत्रे चञ्चा पीडां करोति। तस्मात् गजः अन्धः भवति । गजः वेदनया जलस्य अन्वेषणं करोति । वने इतस्ततः भ्रमति । काष्ठकूटस्य मित्रं मण्डूकः एकस्य महागर्तस्य पार्श्वे स्थित्वा शब्दं करोति । अन्धः गजः यत्र मण्डूकशब्दः भवति तत्र जलम् अस्ति इति चिन्तयति । गर्तस्य समीपं गच्छति । तस्मिन् गर्ते पतति । सः मरणं प्राप्नोति।

नीतिः
मिलित्वा कार्यं भवति चेत् किमपि साध्यम् अस्ति ।

Sparrow and the Rogue Elephant

Wise men do not grieve about one which is lost, dead or past. This is the difference between wise and stupid.

In a forest, there lived a sparrow with his wife, on a tree. Once, the she-sparrow lays an egg in the nest. One day, there is a lot of sun (heat). Troubled by the heat, an elephant comes there. He is rogue. The elephant pulls the tree-branch where the sparrow lives and destroys it. The egg of the sparrow is destroyed. The nest is also destroyed. The sparrow, very sorrowful, cries. Hearing that cry, a bird by the name Kashthakuta, a friend of the sparrow, comes there. He asks the sparrow the cause of the sorrow. The sparrow narrates the deed of the insane elephant. He asks for the idea of killing the elephant. The Kasthakuta bird thinks of an idea. He has two friends - one fly and a frog. The Kashthakuta bird goes near the fly and the frog and tells the idea and what to do.

On an afternoon, the fly goes near the elephant. It makes a humming sound in the ear of the elephant. Hearing that humming sound, the elephant closes its two eyes in happiness. Then the Kashthakuta bird at once pricks in the eye of the elephant. Because of that, the elephant becomes blind. The elephant, with pain, looks for water. It wanders here and there in the forest. Kashthakuta's friend, the frog, sits near a big pit and makes sound. The blind elephant thinks there is water from where the frog's sound is coming. It goes near the pit. It falls in that pit. It attains death.

Message
Working together makes anything possible.

धूर्तश्रृगालः

जातमात्रं न यः शत्रुं व्याधिं च प्रशमं नयेत् ।
महाबलोऽपि तेनैव वृद्धिं प्राप्य स हन्यते ॥

कस्मिंश्चित् वने वज्रदंष्ट्रः नाम सिंहः आसीत् । तस्य मित्रद्वयम् आसीत् - एकः श्रृगालः अन्यः वृकः । एकदा वने ते एकाम् उष्ट्रीं पश्यन्ति । सा उष्ट्री पूर्णगर्भवती । सिंहः उष्ट्रीं मारयति । तस्याः उदरं खण्डयति। उदरात् उष्ट्रशिशुः बहिः आगच्छति । सिंहः उष्ट्रशिशुं न मारयति । किञ्चित् कालानन्तरं सः उष्ट्रशिशुः युवकः विशालकायः भवति । एकदा सिंहस्य केनचित् मत्तगजेन सह युद्धं भवति । तस्मिन् युद्धे सिंहस्य शरीरे बहु क्षतिः भवति । सिंहः स्वयम् आहारं प्राप्तुम् असमर्थः भवति । सः आहारार्थं मृगान् अन्वेष्टुम् उष्ट्रश्रृगालवृकान् प्रार्थयति । ते वने सर्वत्र मृगान्वेषणं कुर्वन्ति । कुत्रचित् आहारार्थं मृगं न प्राप्नुवन्ति । तदा श्रृगालः उष्ट्रं वदति - "भवतः शरीरं विशालम् । भवान् सिंहस्य आहारः भवति चेत् स्वर्गं शीघ्रं प्राप्नोति"। उष्ट्रः तत् वाक्यं सत्यम् इति चिन्तयित्वा प्राणत्यागं करोति ।

सिंहः श्रृगालं वृकं च प्रति वदति - "अहम् इदानीं नदीं गच्छामि । स्नानं समाप्य आगमिष्यामि । सर्वे मिलित्वा उष्ट्रभोजनं कुर्मः । तावत् उष्ट्रस्य शरीरं कोऽपि मा स्पृशतु" । इति उक्त्वा सिंहः ततः गतः । तदा श्रृगालः वृकं वदति - "हे वृक, भवान् बुभुक्षितः । सिंहस्य स्नानाय बहु कालः आवश्यकः । अतः भवान् किञ्चित् उष्ट्रमांसं खादतु । सिंहस्य कोपः भवति चेत् अहं भवतः साहाय्यं करमि" । अस्तु इति उक्त्वा वृकः किञ्चित् उष्ट्रमांसं खादति । सिंहः स्नानं समाप्य आगच्छति । सः उष्ट्रस्य शरीरे खण्डनं पश्यति । सः कुपितः भूत्वा पृच्छति - "मम आज्ञाम् अनादृत्य कः मांसं खादितवान्?" श्रृगालः वदति - "भवतः आज्ञाम् अनादृत्य एषः वृकः मांसं खादितवान् । अहं तस्य निवारणं कर्तुं प्रयत्नं कृतवान् । परन्तु सः मम वचनं न श्रुतवान्" । तत् श्रुत्वा सिंहः वृकं मारयितुं गच्छति । वृकः प्राणभयात् ततः पलायनं करोति ।

तस्मिन् समये एव वने दूरात् महान् घण्टाशब्दः भवति । सिंहः तं महाशब्दं श्रुत्वा किम् अस्ति एतत् पश्यतु इति श्रृगालं वदति । श्रृगालः किञ्चित् दूरं गत्वा पुनः आगच्छति । सः वदति - "भोः मृगराज, भवतः कष्टकालः आगतः । एकः महाराजः उष्ट्रस्य उपरि उपविश्य वनं प्रति आगच्छति । तस्य उष्ट्रस्य कण्ठे घण्टा अस्ति । तस्य शब्दः एषः । भवान् अत्र उष्ट्रम् एकं मारितवान् । सः महाराजः भवन्तं मारयितुं वनम् आगच्छति । प्राणरक्षणार्थम् अन्यत्र कुत्रचित् गच्छतु" । तत् श्रुत्वा सिंहः भयभीतः ततः पलायनं करोति । एवं सः धूर्तः श्रृगालः आनन्देन सर्वम् उष्ट्रमांसं खादति ।

नीतिः
दुष्टजनाः स्वकार्यसिध्यर्थं किमपि अकृत्यं कुर्वन्ति ।

The Cunning Fox

If an enemy or a disease in not removed as soon as it occurs, even if one is strong, he gets destroyed by the enemy or disease when it grows.

In a forest, there was a lion named Vajradamshtra. It had two friends - a fox and a wolf. Once in the forest, they see a camel. That camel was pregnant. The lion kills the camel. He tears open her (camel's) belly. Out of the belly, comes a baby camel. The lion does not kill the baby camel. After some time, that baby camel becomes a big-bodied youth. Once a fight happens between the lion and a drunk elephant. In that fight, a lot of injury happens in the lion's body. The lion becomes incapable to get his own food. He requests the camel, fox and wolf to look for animals for eating. They look for animals in the entire forest. They do not find animal for food anywhere. Then says the fox to the camel - "Your body is big. If you become the food of the lion you will get the heaven quickly". Camel, thinking that word was true, gives up its life.

The lion says to the fox and the wolf - "Now, I go to the river. I will complete my bath and come back. We together will eat the camel. Until then, no one touches the camel's body". Saying this, the lion went away from there. Then the fox says to the wolf - "Hey wolf, you are hungry. A lot of time is needed for the lion's bath. Therefore, you eat some camel meat. If the lion gets angry, I will help you". Saying okay, the wolf eats some camel meat. The lion, finishing the bath, comes back. He sees cut in the camel's body. Becoming angry, he asks - Ignoring my order, who ate the meat?" The fox says - Ignoring your order, this wolf ate the meat. I tried to stop him. But he did not listen to my words". Hearing that, the lion goes to the wolf to kill it. The wolf, fearing for its life, runs away from there. In that time only, at a distance in the forest, loud sound of a bell happens. The lion, hearing that loud sound, asks the fox to find out what it is about. The fox goes a little distance and comes back. He says - "Hey the king of the forest, your time of trouble has come. A king, sitting on a camel, is coming towards the forest. There is a bell in the neck of that animal. This is the sound of that. You killed a camel here. That king is coming to the forest to kill you. To save your life, go somewhere else". Hearing that, the lion, being afraid, runs away from there. The fox happily eats the entire camel meat.

Message
Wicked people, to achieve their objective, will do any kind of mean work.

मूर्खोपदेशः

आखेटकं वृथाक्लेशं मूर्खं व्यसनसंस्थितम् ।
आलापयति यो मूढः स गच्छति पराभवम् ॥

कस्मिंश्चित् पर्वतदेशे एकः वानरगणः आसीत् । एकदा बहु वृष्टिः भवति । वायुः वेगेन चलति । वानरगणः आश्रयार्थं पर्वतप्रदेशे इतस्ततः भ्रमति । वृष्टिजलेन शैत्यम् अपि भवति । ते वानराः एकस्मिन् वृक्षस्य अधः गच्छन्ति । वृक्षस्य फलानि रक्तवर्णयुतानि भवन्ति । वानराः तानि फलानि अग्निकणाः इति मत्वा तानि हस्ते गृह्णन्ति । तेषु अग्निम् उत्पादयितुं फूत्कारं कुर्वन्ति । वृक्षे सूचीमुखः नाम एकः पक्षी वसति । सः वानराणां तत् कार्यं पश्यति । सः वदति - "भोः वानराः । भवन्तः सर्वे मूर्खाः । एते फलानि सन्ति । न तु अग्निकणाः । आश्रयार्थं गुहां वा अन्यवनं वा गच्छन्तु" । तदा एकः वृद्धः वानरः वदति - "वयं किमपि कुर्मः । भवान् उपदेशं न करोतु" । तथापि सः पक्षी भाषणं न त्यजति । पुनः पुनः वानरान् मूर्खाः मूर्खाः इति सम्बोधयति । तदा एकः वानरः कुपितः तं पक्षिणं हस्तेन गृहीत्वा मारयति ।

नीतिः
मूर्खाणां उपदेशः निरर्थकः ।

Advice to the Stupid

One who tries to advise a hunter, trouble-free person, stupid or addicted, gets no results.

In a hilly area, there was a group of monkeys. Once there was a lot of rains. The wind blows heavily. The group of monkeys, for shelter, wanders in the hill here and there. Because of the rain water, the cold also happens. Those monkeys go under a tree. The fruits of the tree are red in color. The monkeys, thinking that the fruits are fireballs, take them in hand. To produce fire in them, they blow (over them). A bird by the name Soocheemukha lives in the tree. He sees that deed of the monkeys. He says - "Hey monkeys, you are all stupid. These are fruits. Not fireballs. For shelter, go to some cave or some other forest". Then an old monkey says - "We do whatever (we want). You do not preach". Even then that bird does not stop talking. Again and again, he addresses the monkeys as stupid, stupid. Then a monkey, being angry, catches the bird by hand and kills it.

Message
Preaching a stupid is useless.

अनुचितोपदेशः

किं करोत्येव पाण्डित्यमस्थाने विनियोजयेत् ।
अन्धकारप्रतिच्छन्ने घटे दीप इवाहितः ॥

कस्मिंश्चित् वने एकः शमीवृक्षः आसीत् । तस्मिन् वृक्षे एकः चटकः पत्न्या सह वासं करोति स्म । एकदा तत्र मन्दं मन्दं वृष्टिः भवति । एकः वानरः आश्रयार्थं तस्य वृक्षस्य मूलप्रदेशं प्राप्नोति । तं वानरं दृष्ट्वा चटका वदति - "भोः वानर, भवतः शरीरं मनुष्यशरीरम् इव दृश्यते । हस्तौ पादौ सम्यक् सन्ति । तदा भवान् उत्तमगृहस्य निर्माणं किं न करोति?" तत् श्रुत्वा वानरः कुपितः वदति - "किमर्थं भवती मौनं न तिष्ठति? किमर्थं मम उपहासं करोति?" इति उक्त्वा सः वानरः वृक्षम् आरोहति । सः चटकायाः नीडस्य नाशनं करोति ।

नीतिः
अयोग्यस्थाने उपदेशः भवति चेत् तेन अपायः संभवति ।

Improper Advice

What is the use of using wisdom in an improper place? It is useless like a lamp inside a pot.

There was a big tree in a forest. In that tree, lived a sparrow with his wife. Once there happens a drizzling rain. A monkey reaches the base area of the tree for shelter. Seeing that monkey, the she-sparrow says - "O monkey, your body looks like the body of a human. Hands and feet are in good condition. Then why don't you build a good house?" Hearing that, the angry monkey says - "Why don't you keep quiet? Why do you ridicule me?" Saying this, that monkey climbs the tree. It destroys the nest of the she-sparrow.

Message
Advice to an improper person or in an improper place, brings danger.

धर्मबुद्धिः पापबुद्धिः

न वित्तं दर्शयेत् प्राज्ञः कस्यचित् स्वल्पमप्यहो ।
मुनेरपि यतस्तस्य दर्शनाच्चलते मनः ॥

कस्मिंश्चित् नगरे धर्मबुद्धिः नाम पुरुषः आसीत् । तस्य पापबुद्धिः इति मित्रम् आसीत् । पापबुद्धिः चिन्तयति - "अहं दरिद्रः । मूर्खः अपि । धर्मबुद्धिना सह दूरदेशं गत्वा तस्य साहाय्यात् धनार्जनं करोमि । अनन्तरं धर्मबुद्धिं वञ्चयित्वा तस्य धनं चोरयामि । सुखेन निवसामि" । सः धर्मबुद्धिं वदति - "भो मित्र, आवां दूरदेशं गच्छावः । तत्र बहु धनसंपादनं कुर्वः । अन्यदेशस्य विविधभाषाः कलाः अपि पश्यावः । तत्र सर्वम् अस्माकं कृतं कार्यं स्वदेशम् आगत्य गर्वेण कथयावः" । धर्मबुद्धिः अस्तु इति उक्त्वा पापबुद्धिना सह दूरदेशं गच्छति । तत्र बहु धनसंपादनं भवति । धनसंग्रहणं कृत्वा मित्रद्वयं पुनः स्वदेशं प्रति आगच्छति ।

मार्गे पापबुद्धिः वदति - "एतत् सर्वं धनं नगरं नयावः चेत् परिवारजनाः धनयाचनं कुर्वन्ति । अतः किञ्चित् धनम् एव नयावः । शेषधनम् अत्र नगरस्य बहिः एकस्मिन् वृक्षमूले भूमौ स्थापयित्वा गच्छावः" । धर्मबुद्धिः अस्तु इति वदति । धर्मबुद्धिः भूमौ एकस्मिन् गर्ते स्वस्य धनं स्थापयति । पापबुद्धिः तत्र समीपे भूमौ अन्यस्मिन् गर्ते स्वस्य धनं स्थापयति । अनन्तरं मित्रद्वयं नगरं गच्छति ।

किञ्चित् दिनानन्तरं पापबुद्धिः एकाकी एव वृक्षमूलं गच्छति । स्वस्य धनं गर्तात् बहिः निष्कासयति । धर्मबुद्धेः धनम् अपि गर्तात् बहिः निष्कासयति । सर्वं धनं गृहं नयति । अनन्तरं धर्मबुद्धेः समीपं गत्वा वदति - "इदानीं पुनः धनम् आवश्यकम् । अतः वृक्षमूलं गत्वा गर्तात् धनम् आनयावः" । धर्मबुद्धिः अस्तु इति तेन सह वृक्षमूलं गच्छति । तत्र गर्ते धनं न पश्यति । पापबुद्धेः धनम् अपि न भवति । पापबुद्धिः धर्मबुद्धिं वदति - "अहं तु अत्र न आगतः । भवान् एव सर्वधनस्य अपहरणं कृतवान् । अतः भवतः राजदण्डः भवेत्" । इति उक्त्वा पापबुद्धिः महाराजस्य समीपं गत्वा धर्मबुद्धिः धनापहरणं कृतवान् इति वदति । महाराजः धर्मबुद्धिम् आहूय धनस्य विषये पृच्छति । धर्मबुद्धिः अहं चोरः नास्मि इति वदति । तदा पापबुद्धिः वदति - "अस्मिन् विषये वृक्षः साक्षी अस्ति । वृक्षं पृच्छामः चेत् सः सत्यं कथयति" । महाराजः प्रातःकाले नगरात् बहिः गत्वा वृक्षं पृच्छतु इति राजपुरुषम् आज्ञापयति ।

पापबुद्धिः गृहं गत्वा स्वपितरं वदति - "हे पितः, अहं धर्मबुद्धेः धनम् अपहृतवान् । तत् धनम् अस्माकं गृहे अस्ति । तस्य रक्षणार्थं भवतः साहाय्यम् आवश्यकम्" । पिता वदति - "उत्तमकार्यं कृतवान् भवान् । धनस्य रक्षणार्थं किम् अहं करोमि इति वदतु । अहं तत् करोमि" । पापबुद्धिः वदति - "नगरात् बहिः एकः वृक्षः अस्ति । भवान् इदानीम् एव तत्र गच्छतु । तस्य वृक्षे एकः कोटरः अस्ति । भवान् कोटरे उपविशतु । प्रातःकाले अहं धर्मबुद्धिः राजपुरुषः च तत्र आगच्छामः । राजपुरुषः धनस्य चोरः कः इति वृक्षं पृच्छति । तदा भवान् धर्मबुद्धिः एव चोरः इति उत्तरं ददातु" । पिता अस्तु तथैव करोमि इति वदति । सः नगरात् बहिः वृक्षस्य कोटरे उपविशति ।

प्रातःकाले पापबुद्धिः धर्मबुद्धिः राजपुरुषः च वृक्षस्य समीपं गच्छन्ति । राजपुरुषः धनं कः अपहृतवान् इति वृक्षं पृच्छति । तदा वृक्षस्य कोटरात् ध्वनिः आगच्छति - धर्मबुद्धिः एव चोरः इति । राजपुरुषः वृक्षतः ध्वनिं श्रुत्वा आश्चर्यचकितः भवति । धर्मबुद्धिः अपि आश्चर्येण तिष्ठति । धर्मबुद्धिः तत् सत्यं नास्ति इति जानाति । सः एकस्मिन् काष्ठे अग्निं ज्वालयति । तत् काष्ठं वृक्षस्य कोटरे क्षिपति । पापबुद्धेः पिता अग्निना दग्धः वृक्षात् बहिः आगच्छति । राजपुरुषः विस्मयेन किम् एतत् सर्वम् इति पृच्छति । पापबुद्धेः पिता सर्वं सत्यम् उक्त्वा मरणं प्राप्नोति । राजपुरुषः तत् श्रुत्वा पापबुद्धिं महाराजस्य समीपं नयति । पापबुद्धिः राजदण्डं प्राप्नोति ।

नीतिः
दुष्टजनाः न केवलं स्वस्य परन्तु अन्यानाम् अपि हानिं कुर्वन्ति ।

Dharmabuddhi and Papabuddhi

A smart person should not show money to anyone, even if it is little. An ascetic's mind also gets distracted by it.

In a town lived a person called Dharmabuddhi. He has a friend named Papabuddhi. Papabuddhi thinks - "I am poor. And also, a fool. I will go to a foriegn country with Dharmabuddhi and with his help earn money. Thereafter, I will deceive Dharmabuddhi and steal his money. Live happily". He says to Dharmabuddhi - "Hey friend, we will go to a distant country. There we will earn a lot of money. We will also see that country's many languages and arts. We will come back to our home country and with pride narrate all that we did there". Dharmabuddhi says okay and goes to the foreign country with Papabuddhi. There they earn a lot of money. After earning the money, the two friends come towards the home country.

On the way, Papabuddhi says - "If we take all this money to our town, the relatives beg for the money. Therefore, we will take only a little money. We will keep the rest of the money near the base under the ground and then go". Dharmabuddhi says okay, so be it. Dharmabuddhi puts his money in a pit in the ground. Papabuddhi puts his money in a different pit in the ground nearby. Thereafter, both the friends go to the town.

After a few days, Papabuddhi goes alone to the base of the tree. He takes out his money out of the pit. Also, he takes out the money of Dharmabuddhi out of the pit. He takes home all the money. Thereafter, he goes to Dharmabuddhi and says - "Now again money is needed. Therefore, we will go to the base of the tree and bring the money from the pit". Dharmabuddhi says ok and goes to with him to the base of the tree. There he does not see the money in the pit. There is no money of Papabuddhi also. Papabuddhi says to Dharmabuddhi - "I did not come here. You only stole all the money. Therefore, you should get the royal punishment". Saying this, Papabuddhi goes near the king and says Dharmabuddhi stole the money. The king calls Dharmabuddhi and asks him about the money. Dharmabuddhi says I am not the thief. Then Papabuddhi says - "In this matter the tree is the witness. If we ask the tree, it will tell the truth. The king orders his man to go to the tree in the morning and ask it.

Papabuddhi goes home and says to his father - "Hey father, I stole the money of Dharmabuddhi. That money is in our house. To protect it, your help is needed". The father says - "You did a good job. To protect the money, tell me what I should do. I will do it". Papabuddhi says - "There is a tree outside the town. You go there now. There is a cavity in the tree. You sit in that cavity. In the morning, Dharmabuddhi, the king's man and I will come there. The king's man asks the tree - who is the the thief of the money. Then you answer that Dharmabuddhi is certainly the thief". The father said okay, I will do like that only. He sits in the cavity of the tree outside the town.

In the morning, Papabuddhi, Dharmabuddhi and the king's man go near the tree. The king's man asks the tree who stole the money. Then from the cavity of the tree comes the voice - Dharmabuddhi is certainly the thief. The king's men become surprised by hearing the voice coming out of the tree. Dharmabuddhi also stands there surprised. Dharmabuddhi knows it is not true. He lights up fire in a stick. He throws that stick in the cavity. Papabuddhi's father burnt by the fire, comes out of the tree. The king's man surprised, asks what all this is. Papabuddhi's father tells everything true and attains death. Hearing that, the king's man takes Papabuddhi to the king. Papabuddhi gets the royal punishment.

Message
Wicked people create a loss not only theirs, but also for others.

वञ्चककर्कटः

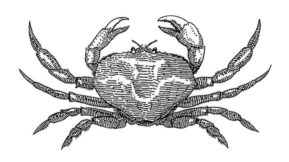

नवनीतसमां वाणीं कृत्वा चित्तं तु निर्दयम् ।
तथा प्रबोध्यते शत्रुः सान्वयो म्रियते यथा ॥

कस्मिंश्चित् वने एकः जलाशयः आसीत् । तस्मिन् जलाशये एकः कर्कटः आसीत् । जलाशये अनेके बकाः अपि वसन्ति स्म । जलाशयस्य पार्श्वे एकः महावृक्षः आसीत् । तस्य कोटरे एकः कृष्णसर्पः वसति स्म । सः सर्वदा बकानाम् अण्डानि बकशिशून् च खादति स्म । ततः दुःखितः एकः बकः अधोमुखः जलाशये तिष्ठति । तत् दृष्ट्वा कर्कटः बकस्य समीपं गच्छति । तस्य दुःखस्य कारणं पृच्छति । बकः सर्पस्य विषये वदति । सर्पं मारयितुं कश्चित् उपायः अस्ति चेत् वदतु इति कर्कटं प्रार्थयति । कर्कटः चिन्तयति - "बकाः तु मम सहजशत्रवः । अतः उपायम् एकं वदामि येन सर्वे बकाः नाशं गच्छन्ति" । कर्कटः वदति - "भोः बक, एकः उपायः अस्ति । नकुलः सर्पस्य सहजशत्रुः । वने एकः नकुलः अस्ति । भवान् काञ्चन मांसखण्डान् नकुलस्य बिलतः सर्पस्य कोटरपर्यन्तं स्थापयतु । नकुलः मांसखण्डान् अनुसृत्य सर्पस्य कोटरपर्यन्तं गच्छति । तदा नकुलः सर्पं खादति" । बकः तथैव करोति । नकुलः स्वस्य बिलात् बहिः आगच्छति । एकं मांसखण्डं पश्यति । सः तं मांसखण्डं खादति । किञ्चित् दूरे अन्यं मांसखण्डं पश्यति । तं मांसखण्डम् अपि सः खादति । एवं मार्गे सर्वान् मांसखण्डान् खादति । सः सर्पस्य कोटरपर्यन्तं गच्छति । सर्पम् अपि खादति । तत्र जलाशये बहून् बकान् पश्यति । नकुलस्य बकाः अपि आहाराः । अतः नकुलः क्रमेण सर्वान् बकान् अपि खादति ।

नीतिः
यदा उपायं चिन्तयामः तर्हि अपायस्य चिन्तनम् अपि भवतु ।

Crab, the Cheater

When an enemy is treated with soft words but with merciless mind, then the enemy will get destroyed.

In a forest, there was a pond. In that pond, lived a crab. In the pond, lived many cranes also. Beside the pond, there was a big tree. In its cavity lived a cobra. He always ate eggs of the cranes and baby cranes. Aggrieved for that reason, a crane stands its face down in the pond. Seeing that, a crab comes near the crane. He asks the reason for the grief. The crane tells him about the serpent. He prays the crab if there is any way to kill the serpent, to tell it. The crab thinks - "Cranes are my natural enemies. Therefore, I will tell an idea by which all the cranes will perish". The crab says - "Hey crane, there is a way. Mongoose is the natural enemy of serpent. In the forest, there is a mongoose. You put some meat pieces from the whole of mongoose till the cavity of the serpent. Then the mongoose will follow the meat pieces and goes until the serpent's cavity. Then it will eat the serpent". The crane does accordingly. The mongoose comes out of its hole. He sees one meat piece. He eats that meat piece. At a little distance, he sees another meat piece. He eats that one too. Like this, he eats all the meat pieces on the way. He goes until the serpent's cavity. He eats the serpent also. He sees a lot of cranes in the pond. Cranes are also food for mongoose. Therefore, the mongoose eats the cranes gradually.

Message
When we think of a solution, we should think about the dangers also.

तुलाखादनम्

अत्यादरो भवेद्यत्र कार्यकारणवर्जितः ।
तत्र शङ्का प्रकर्तव्या परिणामेऽसुखावहा ॥

कस्मिंश्चित् नगरे जीर्णधनः नाम वणिक्पुत्रः आसीत् । एकदा सः कार्यार्थं दूरदेशं गन्तुम् इच्छति । तस्य गृहे एका सुवर्णतुला आसीत् । प्रयाणकाले तुलायाः रक्षणार्थं जीर्णधनः तां तुलाम् एकस्य मित्रस्य गृहे स्थापयति । अनन्तरं दूरदेशं गच्छति । किञ्चित् दिनानन्तरं जीर्णधनः स्वनगरं प्रत्यागच्छति । मित्रस्य गृहं गत्वा तुलां प्रतिददातु इति वदति । परन्तु तस्य मित्रं तुलां मूषिकाः खादितवन्तः इति कथयति । जीर्णधनः वदति - "अस्तु, इदानींतनकाले मूषिकाः अपि तुलां खादितुं शक्नुवन्ति । इदानीम् अहं स्नानार्थं नदीं गच्छामि । मम स्नानाय कलशं वस्त्रं च स्वपुत्रस्य हस्ते दत्वा प्रेषयतु" । मित्रं चिन्तयति - "केवलं कलशं वस्त्रं ददामि चेत् प्रायः एषः जीर्णधनः तत् सर्वं चोरयति । अतः तेन सह पुत्रम् अपि प्रेषयामि" । इति चिन्तयित्वा कलशं वस्त्रं च पुत्रस्य हस्ते दत्वा प्रेषयति ।

जीर्णधनः नदीं गच्छति । तत्र नदीतटे एका गुहा भवति । तस्यां गुहायां जीर्णधनः मित्रस्य पुत्रं क्षिपति । गुहायाः द्वारं शिलाखण्डेन आच्छादयति । पुनः मित्रस्य समीपम् आगच्छति । तदा मित्रं पुत्रः कुत्र इति पृच्छति । जीर्णधनः वदति - "भवतः पुत्रं नदीतटे एकः श्येनः अपहृतवान्" । मित्रं वदति - "तत् कथं साध्यम्? भवान् असत्यं वदति । महाराजाय एतत् निवेदयामि" । इति उक्त्वा सः जीर्णधनं महाराजस्य समीपं नयति । महाराजः मित्रस्य वचनं श्रृणोति । जीर्णधनं पृच्छति - "कथं श्येनः बालकस्य अपहरणं कर्तुं शक्नोति"? जीर्णधनः वदति - "यदि मूषिकाः सुवर्णतुलां खादितुं शक्नुवन्ति तर्हि श्येनः अपि बालकस्य अपहरणं कर्तुं शक्नोति" । तदा महाराजः जीर्णधनस्य कथां सर्वं श्रृणोति । महाराजः हसित्वा जीर्णधनाय सुवर्णतुलां दातुं मित्रं कथयति । मित्राय तस्य पुत्रं दातुं जीर्णधनं कथयति ।

नीतिः
विना कारणं कोऽपि साहाय्यं न करोति । कश्चित् लाभः भवति चेत् एव जनः साहाय्यं करोति ।

Eating of the Scale

Where there is a lot of respect for no reason, there one should be suspicious.
Being so, will result in happiness.

In a city, there was a merchant's son by the name Jeernadhana. Once he goes to a
distant country on work. There was a golden scale in his house. To guard the
scale when he was in travel, he keeps the scale in a friend's house. Thereafter he
goes to the distant country. After some days, Jeernadhana returns to his city. He
goes to the friend's house and tells to return the scale. But the friend says the
mice ate the scale. Jeernadhana says - "Let it be. These days, mice can also eat a
scale. Now, I will go to the river to bathe. For my bath, send a vessel and cloth in
the hands of your son". The friend thinks - "If I give only the vessel and cloth,
probably this Jeernadhana will steal all of it. Therefore, with him I will send my
son also". Thinking thus, he gives the vessel and cloth to his son and sends him.

Jeernadhana hoes to the river. There on the banks of the river, is a cave.
Jeernadhana throws the friend's son in the cave. He closes the cave's door with a
rock. He comes back to his friend. Then the friend asks where is the son?
Jeernadhana says - "An eagle stole your son on the banks of the river. The friend
says - "How is it possible? You are lying. I will report this to the king". After
saying this, he takes Jeernadhana to the king. The king listens to the words of the
friend. He asks Jeernadhana - "How is that an eagle can steal a boy?" Jeernadhana
says - "If mice can eat a golden scale, then an eagle can also steal a boy." Then the
king listens to Jeernadhana's entire story. Laughing, the king tells the friend to
give the golden scale to Jeernadhana. He tells Jeernadhana to return the son to his
friend.

Message
No one helps without reason. Only if there is something to gain, then only
people will help.

मूर्खसेवकः

मूर्खाणां पण्डिता द्वेष्या निर्धनानां महाधनाः ।
व्रतिनः पापशीलानाम् असतीनां कुलस्त्रियः ॥

कश्चित् महाराजः आसीत् । एकः वानरः तस्य बहु सेवां कृत्वा प्रीतिपात्रः अभवत् । महाराजस्य अन्तःपुरे अपि वानरस्य सदा प्रवेशः आसीत् । एकदा महाराजस्य निद्रासमये वानरः तस्य समीपे व्यजनं चालयति । तदा एका मक्षिका महाराजस्य वक्षस्थले उपविशति । मक्षिका ततः निर्गच्छेत् इति वानरः बहु प्रयत्नं करोति । व्यजनं वेगेन चालयति । परन्तु मक्षिका महाराजस्य वक्षस्थलात् न गच्छति । तदा वानरः समीपे स्थितं खड्गं गृह्णाति । खड्गेन महाराजस्य वक्षस्थले प्रहारं करोति । महाराजस्य वक्षस्थलं भिन्नं भवति । महाराजः मरणं प्राप्नोति ।

नीतिः
सेवकाः मूर्खाः न भवन्तु ।

The Stupid Servant

Stupid hate wise men. Poor hate rich people. Rule-followers hate rule-breakers. Cultured women hate uncultured ones.

There was a king. A monkey becomes his favorite after a lot of serving. The monkey had entry always to the king's bedroom. Once, when the king was sleeping, the monkey fans near him. Then a fly sits on the chest of the king. The monkey tries a lot so that the fly goes away. He moves the fan fast. But the fly does not go away from the king's chest. Then the monkey picks up a sword which was kept nearby. He strikes in the king's chest. The king's chest cracks. The king attains death.

Message
Servants should not be stupid.

चोरब्राह्मणः

मृत्योर्बिभेषि किं बाल न स भीतं विमुञ्चति ।
अद्य वाऽऽब्दशतान्ते वा मृत्युर्वै प्राणिनां ध्रुवः ॥

कस्मिंश्चित् नगरे एकः ब्राह्मणः आसीत् । परन्तु तस्य चोरबुद्धिः आसीत् । नगरे केचन ब्राह्मणाः दूरदेशात् आगताः । ते नगरे वस्तुविक्रयणं कृत्वा बहु धनं प्राप्नुवन्ति । चोरब्राह्मणः तेषां धनं कथं चोरयामि इति चिन्तयति । सः तेषां पुरतः गत्वा सुभाषितानि शास्त्रवचनानि च कथयति । ते ब्राह्मणाः एषः महान् पण्डितः इति मत्वा आदरेण तस्य सेवां कुर्वन्ति । किञ्चित् कालानन्तरं ते ब्राह्मणाः स्वदेशं गन्तुम् इच्छन्ति । समीपं यत् अस्ति तत् सर्वं धनं रक्षणार्थं स्वशरीरे जङ्घायां स्थापयन्ति । चोरब्राह्मणः तत् पश्यति । सः चिन्तयति - "एतावत् पर्यन्तम् अहं धनं न चोरितवान् । एतैः सह प्रयाणं कृत्वा मार्गे धनं चोरयामि" । सः वदति - "भोः ब्राह्मणाः, अहम् अपि भवतां देशम् आगन्तुम् इच्छामि । कृपया माम् अपि नयतु" । ते ब्राह्मणाः अस्तु इति चोरब्राह्मणेन सह प्रयाणं कुर्वन्ति ।

मार्गे एकं वनं भवति । तत्र काकाः ब्राह्मणान् पश्यन्ति । ते काकाः किरातैः पालिताः । काकाः ब्राह्मणानां पार्श्वे धनम् अस्ति इति किरातानां समीपं गत्वा वदन्ति । किराताः ब्राह्मणानां समीपम् आगत्य धनं कुत्र इति पृच्छन्ति । ब्राह्मणाः धनं नास्ति इति वदन्ति । किराताः तान् सर्वान् ताडयित्वा तेषां वस्त्राणि निष्कासयित्वा पश्यन्ति । तदा अपि धनं न पश्यन्ति । किराताः वदन्ति - "अस्माकं काकाः कदापि असत्यं न वदन्ति । भवन्तः धनं कुत्र अस्ति इति सत्यं वदन्तु । अन्यथा भवतां शरीरेषु छेदनं कृत्वा पश्यामः" । तदा चोरब्राह्मणः चिन्तयति - "यदि एते किराताः कस्यचित् ब्राह्मणस्य शरीरे छेदनं कुर्वन्ति तर्हि धनं प्राप्नुवन्ति । तदा सर्वान् मारयन्ति । मम शरीरे धनं नास्ति । अतः अहम् एव तेषां पुरतः प्रथमं गच्छामि" । सः चोरब्राह्मणः किरातान् प्रति वदति - "भोः किराताः, मम शरीरे प्रथमं छेदनं कृत्वा पश्यन्तु" । किराताः चोरब्राह्मणस्य शरीरे सर्वत्र छेदनं कृत्वा पश्यन्ति । किमपि धनं न प्राप्नुवन्ति । चोरब्राह्मणः मरणं प्राप्नोति । किराताः अन्यान् ब्राह्मणान् त्यक्त्वा गच्छन्ति ।

नीतिः
विश्वासघातकः मा भवतु ।

Brahmana, the Thief

O boy, you fear of death. But the death does not spare the feared. Either today or after a million years, death is certain for all which lives.

In a city, there was a brahmana. But he had a thief's mind. Some brahmanas from a distant place came to the city. They sell goods in the city and make a lot of money. The thief-brahmana thinks how to steal their money. He goes in front of them and narrates quotes and scriptures. The brahmanas think that he is a great scholar and with serves him with respect. After some time, those brahmanas want to go to their home country. Whatever money they have with them, they put it all in their body inside their thigh. The thief-brahmana sees that. He thinks - "Till now, I did not steal any money. I will travel with them and steal the money". He says - "Oh brahmanas, I also want to come to your country. Please take me also". Those brahmanas say okay and travel with the thief-brahmana.

On the way, there is a forest. There, the crows see the brahmanas. Those crows are kept by the forest tribes. The crows tell the tribals that there is money with the brahmanas. The tribals come near the brahmanas and ask where the money is. The brahmanas say there is no money. The tribals beat everyone and undress them and look. Then also, they don't see the money. The tribals say - "Our crows never tell lie. You truly tell where the money is. Otherwise, we will cut open your bodies and look". Then the thief-brahmana thinks - "If these tribals make cuts in one of the brahmanas, then they will get the money. Then they kill everyone. In my body, there is no money. Therefore, I only go in front of them first". The thief-brahmana tells the tribals - "Hey tribals, first you make a cut in my body and look". The tribals, make cuts everywhere in the body of the thief-brahmana. They don't get any money. The thief-brahmana attains death. The tribals leave the other brahmanas and go away.

Message
Don't be a betrayer.

द्वितीयं तन्त्रम्

मित्रप्राप्तिः

मुख्यकथा

हरिणमोचनम्

यो मित्राणि करोत्यत्र न कौटिल्येन वर्तते ।
तैः समं न पराभूतिं संप्राप्नोति कथञ्चन ॥

महिलारोप्यं नाम नगरम् आसीत् । नगरस्य समीपे एकः महावृक्षः आसीत् । तस्मिन् वृक्षे अनेके पक्षिणः आसन् । वृक्षे लघुपतनकः नाम काकः आसीत् । किञ्चित् दूरे एकस्मिन् बिले हिरण्यकः नाम मूषकः आसीत् । लघुपतनकः एकदा हिरण्यकस्य चातुर्यं पश्यति । तेन सह मैत्रीम् इच्छति । मूषकस्य बिलस्य समीपं काकः गच्छति । बिलात् बहिः स्थित्वा काकः वदति - "हे हिरण्यक, अहं भवता सह मैत्रीम् इच्छामि" । मूषकः बिलस्थः एव वदति - "भवान् काकः । स्वभावतः मूषकानां शत्रुः । कथं मया सह मैत्री भवति?" काकः वदति - "अहं भवतः चातुर्यं दृष्टवान् । अतः मैत्रीम् इच्छामि । कृपया अनुग्रहं करोतु" । मूषकः अस्तु इति काकस्य मित्रं भवति । काकः कदाचित् मांसखण्डान् आनीय मूषकाय ददाति। मूषकः अपि कदाचित् तण्डुलान् भक्ष्याणि च आनीय काकाय समर्पयति । एवं काकस्य मूषकस्य च मध्ये गाढमैत्री अभवत् ।

एकस्मिन् दिने काकः वदति - "अत्र अनावृष्टिकारणात् समृद्धिः नास्ति । आहारं सुलभतया न प्राप्नोमि । दूरदेशे वने एकः महासरोवरः अस्ति । सरोवरे मम अन्यत् मित्रं मन्थरकः नाम कच्छपः वसति । तत्र गत्वा निवसामि" । मूषकः वदति - "एवं तर्हि अहम् अपि भवता सह आगन्तुम् इच्छामि । भवतः पृष्ठे

उपविशामि । माम् अपि सरोवरं नयतु" । काकः मूषकं स्वस्य पृष्ठोपरि गृहीत्वा डयनं करोति । सरोवरस्य समीपं गच्छति । तत्र कच्छपेन सह भाषणं करोति । सर्वे मित्रभावेन वसन्ति ।

एकदा तस्मिन् प्रदेशे एकः हरिणः धावन् आगच्छति । तं दृष्ट्वा मूषकः तृणसमूहं प्रविशति । कच्छपः जलं प्रविशति । काकः वृक्षस्य शाखायाम् उपविशति । हरिणः वदति - "मम नाम चित्राङ्गः । अहं व्याधेन पीडितः । कथञ्चित् धावन् अत्र आगतः । भवतां समीपे आश्रयम् इच्छामि" । सर्वे हरिणं मैत्रीभावेन स्वीकुर्वन्ति । चत्वारः अपि सुखेन निवसन्ति ।

एकदा हरिणः सरोवरस्य समीपे न दृष्टः । तदा मूषकः कच्छपः काकः च चिन्तिताः भवन्ति । काकः किञ्चित् दूरं आकाशे गत्वा हरिणः एकस्य लघु जलाशयस्य तीरे जाले हरिणः बद्धः इति पश्यति । जालकर्तनार्थं मूषकम् आनयामि इति हरिणम् उक्त्वा सः गच्छति । सरोवरस्य समीपं गत्वा हरिणस्य वृत्तान्तं कथयति । मूषकं स्वपृष्ठस्य उपरि गृहीत्वा काकः हरिणस्य समीपम् आगच्छति । कच्छपः हरिणस्य वृत्तान्तं श्रुत्वा तस्य समीपं गन्तुं मन्दं मन्दं सरोवरतः जलाशयं प्रति चलति । अत्र मूषकः हरिणस्य जालकर्तनं करोति । तदा व्याधः अपि जलाशयस्य समीपम् आगच्छति । हरिणः ततः पलायनं करोति । मूषकः तृणेषु तिष्ठति । काकः वृक्षे उपविशति । व्याधः मार्गे मन्दं मन्दं चलन्तं कच्छपं पश्यति । सः रज्वा कच्छपस्य बन्धनं करोति । रज्जुसहितं कच्छपं गृहीत्वा सः व्याधः ततः गच्छति । तत् दृष्ट्वा मूषकः काकः हरिणः च दुःखिताः भवन्ति । कच्छपस्य मोचनाय काकः एकम् उपायं कथयति ।

हरिणः व्याधस्य मार्गे अग्रे गत्वा एकस्य जलाशयस्य तीरे मृतः इव पतति । काकः हरिणस्य उपरि उपविश्य चञ्चा मन्दं प्रहारं करोति । व्याधः दूरेण तत् दृष्ट्वा एषः हरिणः नूनं मृतः एव इति संतुष्टः भवति । रज्जुसहितं कच्छपं जलाशयतीरे स्थापयति । हरिणं ग्रहीतुं तस्य समीपं गच्छति । तदा मूषकः कच्छपस्य रज्जुकर्तनं करोति । कच्छपः शीघ्रं जलाशये प्रवेशं करोति । तत् दृष्ट्वा काकः हरिणं ततः धावितुं कथयति । हरिणः ततः झटिति पलायनं करोति । काकः अपि ततः डयनं करोति । व्याधः निराशः ततः स्वगृहं गच्छति । काकः कच्छपः हरिणः मूषकः च सर्वे आनन्देन निवसन्ति ।

नीतिः
उत्तमजनैः सह मैत्री भवतु ।

The Second Strategy

Securing the Alliance

The Anchor Story

Release of the Deer

One who makes friends here and does not behave dishonestly with them, he in any case does not obtain set back.

There was a city called Mahilaropyam. Near the city, there was a big tree. In that tree, there were many birds. In the tree, there was a crow by the name Laghupatanaka. At a little distance, in a whole, there was a mouse by the name Hiranyaka. Laghupatanaka once sees the wisdom of Hiranyaka. He desires friendship with him. The crow goes near the hole of the mouse. He stands outside the hole and says - "Hey Hiranyaka, I would like friendship with you". The mouse staying in the hole only says - "You are a crow. By nature, you are enemy of mice. How will the friendship happen?" The crow says - "I saw your wisdom. For that reason, I would like your friendship. Please grant it". The mouse says okay and becomes friends with the crow. The crow sometimes brings meat pieces and gives them to the mouse. The mouse also sometimes brings rice grains and gives them to the crow. Like this, between the crow and the mouse, the close friendship happened.

One day, the crow says - "Because of shortage of rains here, there is no abundance (of grains etc.). I don't get the food easily. At a distant place in a forest, there is a big lake. In the lake, lives my other friend, a turtle by the name Mantharaka. I will go there and live." The mouse says - "In that case, I would also like to come with you. I will sit on your back. Take me also to that lake". The crow takes the mouse on its back and flies. It goes near the lake. There, it talks with the turtle. All live in friendship.

Once, to that place, a deer comes running. Seeing that, the mouse enters a pile of grass. The turtle enters the water. The crow sits on a branch of the tree. The deer says - "My name is Chitranga. I am troubled by a hunter. Somehow, I came here running. I seek shelter near you. All accept the deer with friendship. All four live happily.

Once, the deer is not seen near the lake. Then the mouse, turtle and the crow are worried. The crow goes a bit in the sky and sees that the deer is trapped in a net near a small pond. He tells the deer that he would bring the mouse to cut the net and goes away. It goes near the lake and tells what happened to the deer. The crow carries the mouse on his back and comes near the deer. Hearing what happened to the deer, the turtle wanting to see him, slowly walks from the lake towards the pond. Here, the mouse cuts the net of the deer. Then the hunter also comes near the pond. The deer runs away from there. The mouse stays in the grass. The crow sits on the tree. The hunter sees the turtle walking slowly on the way. He ties the turtle with rope. He takes the turtle along with the rope and goes from there. Seeing that, the mouse, the crow and the deer become grieved. To release the turtle, the crow tells a solution.

The deer goes further on the hunter's path and falls as if dead near a pond. The crow sits on the deer and softly pricks the deer. The hunter sees that from a distance and becomes happy that the deer is certainly dead. He keeps the turtle along with the rope on the banks of the pond. To grab the deer, he goes near it. Then the mouse cuts the rope of the turtle. The turtle quickly enters the pond. Seeing that, the crow tells the deer to run. The deer, at once, runs away from there. The crow also flies from there. The hunter goes his house disappointed. The crow, the turtle, the deer and the mouse all live happily.

Message
Friendship should be with good people.

कपोतमोचनम्

सम्पत्तौ च विपत्तौ च महतामेकरूपता ।
उदये सविता रक्तो रक्तश्चास्तमये तथा ॥

कश्चित् व्याधः पक्षिणां ग्रहणार्थं वनं गच्छति । वने सः कुत्रचित् भूमौ जालं प्रसारयति । पक्षिणाम् आकर्षणार्थं जाले काञ्चन तण्डुलान् क्षिपति । किञ्चित् कालानन्तरं कपोतानां कश्चन समूहः आकाशे डयमानः तत्र आगच्छति । चित्रग्रीवः नाम कपोतः कपोतगणस्य नायकः । सः दूरात् भूमौ तण्डुलान् पश्यति । समूहसहितः चित्रग्रीवः तण्डुलान् खादितुम् भूमौ अवतरति । जाले समूहसहितः बद्धः भवति । पक्षिगणः बद्धः इति दृष्ट्वा व्याधः सन्तोषेण तान् सर्वान् ग्रहीतुं जालं प्रति गच्छति । तम् आगच्छन्तं व्याधं दृष्ट्वा सर्वे कपोताः भीताः । तदा चित्रग्रीवः वदति - "हे मम प्रियकपोताः, भीतिः मास्तु । वयं सर्वे मिलित्वा जालसहितम् उपरि डयनं कुर्मः" । तथैव सर्वे कपोताः जालसहितम् उपरि डयनं कुर्वन्ति । व्याधः आकाशे पश्यन् तान् कपोतान् अनुसृत्य धावति । किञ्चित् दूरं गत्वा सः व्याधः कपोतान् द्रष्टुं न शक्नोति । निराशः सः ततः प्रतिगच्छति ।

चित्रग्रीवः कपोतान् वदति - "किञ्चित् दूरे मम मित्रं हिरण्यकः नाम मूषकः वसति । तत्र गच्छामः । सः जालस्य कर्तनं करोति" । कपोतसमूहः जालसहितं मूषकस्य बिलस्य समीपं गच्छति । चित्रग्रीवः वदति - "मित्र हिरण्यक, शीघ्रं बिलात् बहिः आगच्छतु । मम साहाय्यं करोतु" । हिरण्यकः बिलात् एव पृच्छति - "कः भवान्? किमर्थम् अत्र आगतः? किं कष्टं भवतः?" चित्रग्रीवः वदति - "अहं चित्रग्रीवः नाम कपोतराजः । भवतः मित्रम् । शीघ्रं बहिः आगच्छ । महत् साहाय्यम् आवश्यकम्" । हिरण्यकः मित्रस्य ध्वनिं श्रुत्वा बिलात् बहिः आगच्छति । सर्वान् कपोतान् जाले बद्धान् दृष्ट्वा पृच्छति - "अहो आश्चर्यम् । किम् एतत् । कथं भवन्तः सर्वे बद्धाः" । चित्रग्रीवः वदति - "मम कथनेन एते कपोताः सर्वे तण्डुलान् खादितुं गत्वा जाले बद्धाः । भवान् कृपया जालकर्तनं कृत्वा सर्वान् अस्मान् बन्धनात् मोचयतु" ।

अस्तु भवन्तम् आदौ मोचयामि इति उक्त्वा हिरण्यकः चित्रग्रीवस्य समीपं गच्छति । चित्रग्रीवः वदति - "मित्र, आदौ अन्यान् सर्वान् कपोतान् मोचयतु । अनन्तरं मम मोचनं करोतु" । हिरण्यकः पृच्छति - "भवान् कपोतराजः । भवतः मोचनं प्रथमं कर्तव्यं खलु?" चित्रग्रीवः वदति - "एते सर्वे कपोताः मम अनुचराः । स्वकुटुम्बं त्यक्त्वा विश्वासेन मया सह आगताः । मम जालकर्तनसमये भवतः दन्तभग्नः भवितुं शक्नोति । व्याधः पुनः अत्र आगन्तुं शक्नोति । तथा भवति चेत् तेषां मोचनं न संभवति । अतः तेषां जालकर्तनं प्रथमं करोतु" । कपोतराजस्य वचनं श्रुत्वा हिरण्यकः संतुष्टः भवति । सः सर्वेषां कपोतानां जालकर्तनं कृत्वा सर्वान् बन्धनात् मोचयति ।

नीतिः
विपत्तिसमये धैर्येण कार्यं साधयतु ।

Release of the Pigeon

In wealth and trouble, great people are of similar attitude. Sun is red during sunrise and sunset.

A hunter goes to a forest to capture the birds. He spreads a net somewhere on the ground in the forest. To attract the birds, he throws some rice grains in the net. After some time, a group of pigeons, flying in the sky, comes there. A pigeon by the name Chitragriva is the leader of the group of pigeons. With the group, Chitragriva, to eat the rice grains, descends on the ground. With the group, he gets trapped in the net. The hunter, seeing that the group of birds is trapped, happily goes towards the net to catch all of them. Seeing the hunter coming, all the pigeons are terrified. Then Chitragriva says - "Hey my dear pigeons, let there be no terror. We, together with the net, will fly up". As per that, all the pigeons with the net fly up. The hunter, looking up in the sky, runs following the pigeons. After going a little distance, the hunter cannot see the pigeons. Disappointed, he goes back from there.

Chitragriva says to the pigeons - At a little distance, my friend mouse by the name Hiranyaka lives. We will go there. He will cut the net". The pigeon group with the net goes near the hole of the mouse. Chitragriva says - "Friend Hiranyaka, come out of the hole quickly. Help me". Hiranyaka asks from the hole only - "Who are you? Why did you come here? What is your problem?" Chitragriva says - "I am Chitragriva, the king of pigeons. Your friend. Quickly come out. A great help is needed". Hiranyaka, hearing the friend's voice, comes out of the hole. Seeing all the pigeons trapped in the net, asks - "Oh what a surprise! What is this? How did you all get trapped?" Chitragriva says - "By my words, all these pigeons went to eat the rice grains and got trapped in the net. You please cut the net and release us all from the trap".

Hiranyaka says okay, I will release you first and goes near Chitragriva. Chitragriva says - "Friend, first release all the other pigeons. After that, release me". Hiranyaka asks - "You are the king of pigeons. Your release should be done first, isn't it?" Chitragriva says - "All these pigeons are my followers. With trust in me, they came with me leaving behind their families. During cutting of my net, your teeth may break. The hunter may come here again. If it happens, their release won't happen. Therefore, cut their net first". Hearing the words of the king of the pigeons, Hiranyaka becomes happy. He cuts the net of all the pigeons and releases them.

Message
During a crisis, do the work with patience.

परिव्राजकः मूषकः च

नाभ्युत्थानक्रिया यत्र नालापा मधुराक्षराः ।
गुणदोषकथा नैव तत्र हर्म्ये न गम्यते ॥

कस्मिंश्चित् नगरे महादेवस्य देवालयः आसीत् । तस्मिन् मन्दिरे ताम्रचूडः नाम परिव्राजकः वसति स्म । सः नगरे भिक्षाटनं करोति स्म । सः देवालयम् आगत्य किञ्चित् भिक्षान्नं खादति । अवशिष्टं भिक्षान्नं भिक्षापात्रे एव स्थापयति । तत् भिक्षापात्रं भित्तौ हस्तिदन्ते लम्बयति । अनन्तरं निद्रां गच्छति । एवं प्रतिदिनं करोति । देवालये मूषकाः अपि सन्ति । तेषां नायकः हिरण्यकः नाम मूषकः । हिरण्यकः ताम्रचूडस्य एतत् नित्यकार्यं पश्यति । सः उपरि कूर्दनं कृत्वा पात्रे प्रवेशं करोति । पात्रे यत् भिक्षान्नम् अस्ति तत् सर्वं अन्येभ्यः मूषकेभ्यः ददाति । स्वयम् अपि अन्नं खादति । एवं प्रतिदिनं सर्वे मूषकाः भिक्षान्नं खादित्वा सन्तोषेण निवसन्ति ।

ताम्रचूडः प्रतिदिनं प्रातः भिक्षापात्रं अन्नरहितं पश्यति । निद्रासमये कश्चित् मूषकः अन्नं चोरयति इति सः जानाति । अतः अन्नरक्षणार्थं ताम्रचूडः एकं दण्डम् आनयति । सः रात्रौ निद्रां कुर्वाणः एव दण्डेन लम्बितं भिक्षापात्रं ताडयति । हिरण्यकः पात्रस्य समीपं गन्तुं पुनः पुनः प्रयत्नं करोति । परन्तु तस्य दण्डस्य प्रहारभयात् हिरण्यकः दूरं गच्छति । एवं भिक्षापात्रं पुनः पुनः ताडयन् ताम्रचूडः संपूर्णरात्रिकालं यापयति । पूर्णतया तस्य निद्रा अपि न भवति । एवं बहूनि दिनानि अतीतानि ।

एकदा बृहत्स्फिक् नाम अन्यः परिव्राजकः तीर्थयात्रां कुर्वन् देवालयम् आगच्छति । सः ताम्रचूडस्य मित्रम् । बहुकालात् मित्रयोः मेलनं भवति । रात्रिकाले तयोः परस्परं संभाषणं भवति । बृहत्स्फिक् अनेकविषयान्

कथयति । ताम्रचूडः मूषकभयात् दण्डेन भिक्षापात्रं पुनः पुनः ताडयन् उपविशति । सः किमपि भाषणं न करोति । बृहत्स्फिक् मित्रस्य मौनस्य कारणं पृच्छति । ताम्रचूडः वदति - “मित्र, मम मनसि सर्वदा एका चिन्ता अस्ति । एकः दुष्टः मूषकः प्रतिदिनं भिक्षापात्रतः अन्नं चोरयति । भिक्षापात्रं उन्नतस्थाने लम्बितम् अस्ति । तथापि सः मूषकः उपरि कूर्दनं कृत्वा अन्नं खादति । तस्य भयात् एव अहं पात्रं पुनः पुनः दण्डेन ताडयामि” । बृहत्स्फिक् पृच्छति - “तस्य मूषकस्य बिलं कुत्र इति जानाति भवान्?” ताम्रचूडः वदति - “अहं सम्यक् न जानामि” । बृहत्स्फिक् वदति - “नूनं तस्य मूषकस्य बिलं तत्र भवेत् यत्र भूमौ धनं निक्षिप्तम् अस्ति । धनस्य प्रभावात् एव मूषकः तावत् उपरि कूर्दनं कर्तुं शक्नोति” । ताम्रचूडः वदति - “प्रायः तव वचनं सत्यम् । पश्यतु इदानीम् अपि मूषकाः इतस्ततः धावन्ति” । बृहत्स्फिक् वदति - “भवतः समीपे किञ्चित् खनित्रकम् अस्ति चेत् मह्यं ददातु” । ताम्रचूडः खनित्रकम् एकम् आनयति । खनित्रकं मित्राय ददाति । हिरण्यकः खनित्रकं दृष्ट्वा भीतः भवति । इदानीं बृहत्स्फिक् निश्चयेन मूषकानां बिलस्थानं नाशयति इति हिरण्यकः चिन्तयति । सः सर्वान् मूषकान् बिलस्थानतः दूरं गन्तुं कथयति । सर्वे मूषकाः तथैव कुर्वन्ति । परन्तु तस्मिन् मार्गे एकः मार्जारः आगच्छति । केचन मूषकाः मार्जारप्रहारात् क्षताः भवन्ति। तेषां शरीरतः रक्तं स्रवति । मूषकाः मार्जारभयात् पुनः बिलस्थानं प्रति गछन्ति । बृहत्स्फिक् भूमौ पतितं रक्तचिह्नम् अनुसृत्य बिलस्थानं प्राप्नोति । खनित्रकेण बिलस्थानं नाशयति । बिले स्थितं निक्षिप्तधनं बहिः निष्कास्य नयति ।

तद्दिने रात्रौ हिरण्यकः मूषकैः सह आगत्य पुनः उपरि कूर्दनं कृत्वा भिक्षापात्रं प्राप्तुं प्रयत्नं करोति । परन्तु इदानीं हिरण्यके तावत् बलं नास्ति । सः कूर्दनं कर्तुं न शक्नोति । सर्वे मूषकाः एषः हिरण्यकः इदानीं बलहीनः, अस्माकं रक्षणं कर्तुं न शक्तः इति उपहासं कुर्वन्ति । ते हिरण्यकं त्यक्त्वा अन्यत्र गच्छन्ति ।

नीतिः
बुद्ध्या दुःखस्य मूलकारणम् अन्वेष्टव्यम् ।

Ascetic and the Mouse

Where there is no welcome gesture, no sweet talk, no discussion about good and bad, one should not go into such a house.

In a city, there was a temple of Mahadeva. In that temple, lived an ascetic by the name Tamrachuda. He roams around begging in the city. He comes to the temple and eats some food got by begging. He puts remaining food in the begging bowl only. He hangs that begging bowl to a tusk of the elephant on the wall. Thereafter he goes to sleep. Like this, he does every day. In the temple, there are mice also. Their leader is a mouse by the name Hiranyaka. Hiranyaka sees the daily work of Tamrachuda. He jumps up and enters the bowl. He gives the food in the bowl to all other mice. He eats the food himself too. Like this every day, all the mice live happily eating the food got by begging.

Tamrachuda every morning sees the begging bowl empty of food. He knows that during his sleep, some mouse steals the food. Therefore, to protect the food, Tamrachuda brings a stick. In the night while having his sleep, he strokes the hanging begging bowl. Hirnayaka tries to go near the bowl again and again. But fearing the strike of the stick, Hiranyaka goes away. Like this, stroking the begging bowl again and again, Tamrachuda spends the whole night. His sleep even cannot be completed fully. Like this, many days pass.

Once, another ascetic by the name Brihatsphik, doing the pilgrimage, comes to the temple. He is a friend of Tamrachuda. After many days, the meeting of friends takes place. In the night, mutual talking happens between them. Brihatsphik tells many things. Tamrachuda, fearing the mouse, sits there stroking the begging bowl again and again. He does not speak anything. Brihatsphik asks the reason for his friend's silence. Tamrachuda says - "Friend, in my mind, there is always a worry. A wicked mouse steals the food from the begging bowl every day. The begging bowl is hung at a height. Even then, the mouse jumps up and eats the food. Because of his fear only, I stroke the bowl by stick again and again". Brihatsphik asks - "Do you know where the hole of the mouse is?" Tamrachuda says - "I do not know properly". Brihatspik says - "Certainly, the hole of the mouse must be at such a place, where money is hidden in under the ground. By the effect of the money only, the mouse can jump to that much height". Tamrachuda says - "Probably what you say is correct. Even at this time also, the mice are running here and there". Brihatsphik says - "If you have a spade, give it to me". Tamrachuda brings a spade. He gives the spade to the friend. Hiranyaka seeing the spade, becomes frightened. He thinks that Brihatsphik will now certainly destroy the place of hole of the mice. Hiranyaka tells all the mice to get away from the place of the hole. All the mice do so. But a cat comes in that way. Some mice become wounded by strike of the cat. From there, blood flows out. The mice, because of the fear of the cat, again go towards the place of the hole. Brihatsphik, following the blood mark fallen on the ground, reaches the place of the hole. He destroys the place of the hole by the spade. He takes unearths the hidden money and takes it away.

On that night, Hiranyaka comes back with the mice, and tries to reach the begging bowl by jumping up. But at this time, there is no that much strength in him. He can't jump. All the mice laugh at him saying this Hiranyaka is now out of strength, unable to protect us. They abandon Hiranyaka and go to a different place.

Message
Using brain power, the root cause of misery should be found.

तिलविक्रयः

ईश्वरा भूरिदानेन यल्लभन्ते फलं किल ।
दरिद्रस्तच्च काकिण्या प्राप्नुयादिति नः श्रुतिः ॥

कस्मिंश्चित् ग्रामे एकः ब्राह्मणः आसीत् । ब्राह्मणः पत्नीं वदति - "श्वः संक्रान्तिपर्व अस्ति । तस्मिन् दिने कृतं दानं पुण्यदायकं भवति । अहं दानग्रहणार्थं प्रातः अन्यं ग्रामं गच्छामि । भवती अत्र कस्मैश्चित् ब्राह्मणाय अन्नदानं करोतु" । सा ब्राह्मणपत्नी वदति - "भोः पतिदेव, गृहे दारिद्र्यम् अस्ति । अन्नम् अपि अत्यल्पम् अस्ति । किं दानं करणीयम्?" ब्राह्मणः वदति - "नास्ति चिन्ता । यत्किञ्चित् गृहे अस्ति तस्मात् एव दानं करणीयम् । ततः महापुण्यं भवति" । ब्राह्मणपत्नी वदति - "अस्तु तर्हि । गृहे केचन तिलाः सन्ति । तिलानाम् आवरणं निष्कास्य चूर्णं कृत्वा दानं करोमि" । ब्राह्मणः अस्तु इति उक्त्वा अन्यं ग्रामं गच्छति ।

ब्राह्मणपत्नी तिलान् उष्णजले मार्जयित्वा तेषां बहिर्भागं निष्कासयति । शुष्कीकरणार्थं तान् तिलान् बहिः सूर्यातपे स्थापयति । गृहकार्यार्थं गृहे गच्छति । तदा एकः कुक्कुरः आगत्य तिलेषु मूत्रं करोति । तत् दृष्ट्वा दानार्थं किमपि नास्ति इति ब्राह्मणपत्नी चिन्तयति । तान् आवरणरहितान् तिलान् दत्त्वा आवरणसहितान् तिलान् स्वीकरोमि इति सा ब्राह्मणपत्नी चिन्तयति । सा एकं गृहं गच्छति । तस्मिन् गृहे गृहिणी अस्ति । गृहिण्याः पुत्रः अपि अस्ति । ब्राह्मणपत्नी गृहिणीं वदति - "एते आवरणरहिताः तिलाः । एतान् गृहीत्वा मह्यम् आवरणसहितान् तिलान् ददातु" । गृहिणी वदति - "अस्तु प्रकोष्ठात् तिलान् आनयामि" । तदा गृहिण्याः पुत्रः वदति - "मातः, एतान् आवरणरहितान् तिलान् मा गृह्णातु । ते दोषपूर्णाः सन्ति यतः एषा ब्राह्मणपत्नी तेषां विनिमयं कर्तुम् इच्छति" । पुत्रस्य वचनं श्रुत्वा गृहिणी तान् तिलान् न स्वीकरोति । ब्राह्मणपत्नी निराशया प्रतिगच्छति ।

नीतिः
जनाः यदा कारणं भवति तदा एव कार्यं कुर्वन्ति ।

Selling the Sesame Seeds

It is said that the fruits obtained by the rich by giving away a lot, the same fruits are obtained by poor by giving away little of what they have.

In a village, there was a brahmana. The brahmana says to his wife - "Tomorrow is Sankranti time. On that day, the donation is very pious. To accept the donations, I will go to a different village in the morning. Here, you donate food to some brahmana". That brahmana's wife says - "O husband, there is poverty in the house. Food is also very little. What to be donated?" brahmana says - "No worries. Whatever is at home, from that only to be donated. That becomes very pious". The brahmana's wife says - "Okay then. There are some sesame seeds at home. I will remove the outer part of the sesame seeds, make powder (of them) and donate them". The brahmana says okay and goes to a different village.

The brahmana's wife cleans the sesame seeds in warm water and removes their cover. To dry them, she puts them outside in the sun. For housework, she goes into the house. Then a dog comes and urinates on the sesame seeds. Seeing that, she worries that there is nothing to donate. She thinks by giving away those coverless sesame seeds, I will accept the sesame seeds with cover. She goes to a house. In that house, there is a housewife. The housewife's son is also there. The brahmana's wife says to the housewife - "These are coverless sesame seeds. Taking these, give me the sesame seeds with cover". The housewife says okay, I will bring the sesame seeds from room. Then the housewife's son says - "Mother, do not take these coverless sesame seeds. They are faulty because of which this brahmana's wife wants to exchange them". Hearing the son's words, the housewife does not accept those sesame seeds. The brahmana's wife goes back disappointed.

Message
People do the work only if they see some purpose to it.

लोभी श्रृगालः

केनामृतमिदं सृष्टं मित्रमित्यक्षरद्वयम् ।
आपदां च परित्राणं शोकसन्तापभेषजम् ॥

कश्चित् आखेटकः मृगान् अन्वेषणं कुर्वन् वने चरति । तस्य पुरतः एकः महान् वन्यसूकरः आगच्छति ।
आखेटकः सूकरं प्रति बाणं मुञ्चति । बाणात् घातितः सूकरः अपि आखेटकस्य उपरि आक्रमणं करोति ।
आखेटकः सूकरस्य प्रहारेण मृत्युं प्राप्नोति । सूकरः अपि मरणं प्राप्नोति । कश्चित् बुभुक्षुः श्रृगालः तत्र
आगच्छति । सः मृतं सूकरम् आखेटकं च पश्यति । तस्य बहु आनन्दः भवति । बहु आहारः अस्ति, शनैः
शनैः खादामि इति सः चिन्तयति । आखेटकस्य धनुषः स्नायुनिर्मितरज्जुम् आदौ भक्षयामि इति निश्चयं
करोति। श्रृगालः रज्जुं मुखे स्थापयति । दन्तैः तस्य कर्तनं करोति । तदा रज्जुः खण्डिता भवति । श्रृगालस्य
मुखे धनुः वेगेन आघातं करोति । तस्मात् श्रृगालः मरणं प्राप्नोति ।

नीतिः
अतिलोभः न करणीयः ।

The Greedy Fox

A friend is like a nectar - helpful in troubled times and takes away sorrow.

A hunter, searching the animals, roams in a forest. In front of him, comes a big
wild boar. The hunter throws an arrow towards the boar. Hit by the arrow, the
boar also attacks the hunter. The hunter dies hit by the boar. The boar also dies.
A hungry fox comes there. He sees the dead boar and the hunter. A great joy
happens to him. There is a lot of food, I will eat it slowly - he thinks. He decides
to first eat the bow's thread made of tendons and puts the thread in the mouth.
He cuts it by teeth. Then the thread is breaks. The bow hits with speed in the
mouth of the fox. By that, the fox dies.

Message
Too much greed is not good.

प्राप्तव्यमर्थः

अयशः प्राप्यते येन येन चापगतिर्भवेत् ।
स्वर्गाच्च भ्रश्यते येन तत्कर्म न समाचरेत् ॥

कस्मिंश्चित् नगरे एकः वणिक् आसीत् । सः अतीव कृपणः । एकदा तस्य पुत्रः बहु धनं दत्त्वा किञ्चन पुस्तकं क्रीतवान् । तस्मिन् पुस्तके एकः श्लोकः आसीत् -

प्राप्तव्यमर्थं लभते मनुष्यो
देवोऽपि तं लङ्घयितुं न शक्यः ।
तस्मान्न शोचामि न विस्मयो मे
यदस्मदीयं न हि तत्परेषाम् ॥

तत् दृष्ट्वा सः वणिक् कुपितः भूत्वा वदति - "बहु धनं दत्त्वा भवान् पुस्तकं क्रीतवान् । अस्य श्लोकस्य प्रयोजनं किम्? भवान् मूर्खः । गृहात् बहिः गच्छतु । मम गृहे त्वदर्थे स्थानं नास्ति" । इति उक्त्वा सः वणिक् पुत्रं गृहात् बहिः निष्कासितवान् । पुत्रः दूरदेशं गच्छति । तत्र दूरदेशे नूतनपुरुषं दृष्ट्वा एकः नगरवासी भवतः नाम किम् इति पृच्छति । वणिक्पुत्रः नाम अनुक्त्वा श्लोकस्य केवलं प्रथमभागं वदति - "प्राप्तव्यमर्थं लभते मनुष्यः" । अन्यः नगरवासी तस्य नाम पृच्छति । एषः पुनः तम् एव श्लोकभागं पठति - "प्राप्तव्यमर्थं लभते मनुष्यः" । एवं यः कश्चित् पृच्छति एषः तत् एव उत्तरं ददाति - "प्राप्तव्यमर्थं लभते मनुष्यः" । तत्कारणात् नूतननगरे तस्य नाम प्राप्तव्यमर्थः इति प्रसिद्धम् अभवत् ।

एकस्मिन् दिने नगरे महोत्सवः भवति । नगरस्य राजकुमारी सख्या सह महोत्सवम् आगच्छति । कस्यचित् अन्यराज्यस्य राजकुमारः अपि महोत्सवं द्रष्टुम् आगच्छति । राजकुमारं दृष्ट्वा राजकुमारी तस्मिन् अनुरक्ता भवति । सा राजकुमारी सखीद्वारा राजकुमारं प्रति संदेशं प्रेषयति - "रात्रौ मम प्रकोष्ठम् आगच्छतु । प्रकोष्ठः राजभवनस्य उपरितनभागे अस्ति । प्रकोष्ठस्य वातायने एकां रज्जुं लम्बयामि । रज्जुं गृहीत्वा उपरि प्रकोष्ठे आगच्छतु" । सः राजकुमारः अस्तु तथैव करोमि इति प्रतिवदति । रात्रिकालः भवति । राजकुमारः किञ्चित् चिन्तनं कृत्वा राजभवनं न गच्छति । तस्मिन् काले एव प्राप्तव्यमर्थः राजभवनस्य समीपे अटन् वातायनात् लम्बितां रज्जुं पश्यति । एतत् किम् इति कौतूहलात् सः रज्जुं गृहीत्वा उपरि प्रकोष्ठे प्रवेशं करोति । रात्रिः इति कारणात् प्रकोष्ठे दीपः मन्दः भवति । राजकुमारी आगतं पुरुषं सम्यक् न पश्यति । सः एव राजकुमारः अस्ति इति चिन्तयति । तं सम्मानेन पूजयति । प्राप्तव्यमर्थः किमपि न वदति । "भवान् एव मम पतिः । किमर्थं किमपि न वदति?" इति राजकुमारी पृच्छति । तदा सः पुनः तदेव श्लोकभागं पठति - "प्राप्तव्यमर्थं लभते मनुष्यः" । तत् श्रुत्वा राजकुमारी एषः कश्चित् अन्यः पुरुषः न तु राजकुमारः इति जानाति । तं प्रकोष्ठतः बहिः निष्कासयति ।

प्राप्तव्यमर्थः प्रकोष्ठात् निर्गत्य एकस्मिन् पुरातनदेवालयं गच्छति । देवालये निद्रां करोति । तत्र रात्रौ आरक्षकः आगच्छति । सः प्राप्तव्यमर्थं भवान् कः इति पृच्छति । प्राप्तव्यमर्थः पुनः तदेव श्लोकभागं वदति। आरक्षकः वदति - "एषः पुरातनदेवालयः । अत्र निद्रां मा करोतु । किञ्चित् दूरे मम प्रकोष्ठः अस्ति। तत्र गत्वा निद्रां कुरु" । प्राप्तव्यमर्थः आरक्षकस्य प्रकोष्ठं गच्छति । तत्र आरक्षकस्य पुत्री कस्यचित् अन्यपुरुषस्य प्रतीक्षायाम् आसीत् । सा मन्दप्रकाशे आगतं पुरुषं सम्यक् न पश्यति । तं भोजनं दत्वा आदरं करोति । भवान् किमर्थं किमपि न वदति इति सा पृच्छति । सः पुनः तदेव श्लोकभागं पठति । सा अपि एतं प्रकोष्ठात् बहिः निष्कासयति ।

ततः प्राप्तव्यमर्थः बहिः आगत्य अग्रे गच्छति । मार्गे कश्चित् विवाहगणः वरेण सह वाद्यवादनं कुर्वन् नृत्यं कुर्वन् आगच्छति । प्राप्तव्यमर्थः तेन गणेन सह गच्छति । कस्यचित् धनिकस्य पुत्र्या सह वरस्य विवाहः निश्चितः अस्ति । विवाहगणः धनिकस्य गृहं प्राप्नोति । वाद्यशब्दं श्रुत्वा धनिकस्य पुत्री गृहात् बहिः आगच्छति । तस्मिन् समये एव एकः मदमत्तगजः तत्र धावन् आगच्छति । तं गजं दृष्ट्वा विवाहगणस्य सर्वे जनाः वरेण सह ततः पलायनं कुर्वन्ति । प्राप्तव्यमर्थः भयभीतां धनिकपुत्रीं पश्यति । सः धनिकपुत्रीं वदति - "भीतिः मास्तु । अहं साहाय्यं करोमि" । इति उक्त्वा सः तस्याः हस्तं स्वहस्ते गृह्णाति । गजस्य पुरतः धैर्येण तिष्ठति । दैवयोगात् गजः ततः अन्यत्र दूरं गच्छति । गतं गजं दृष्ट्वा वरः पुनः धनिकस्य गृहम् आगच्छति । धनिकपुत्र्याः हस्तं अन्यस्य हस्ते दृष्ट्वा सः कुपितः भवति । तदा धनिकपुत्री वदति - "एषः पुरुषः मम रक्षणं कृतवान् । अहं एतेन सह एव विवाहं करोमि" ।

एतावत्पर्यन्तं प्रातःकालः भवति । बहिः जनकोलाहलं श्रुत्वा महाराजः राजकुमार्या सह तत्र आगच्छति । नगरस्य अन्ये जनाः अपि तत्र आगच्छन्ति । महाराजः "कोलाहलस्य कारणं किम्? कः एषः पुरुषः यः धनिकपुत्र्याः हस्तं गृहीत्वा तिष्ठति?" इति पृच्छति । प्राप्तव्यमर्थः पुनः तदेव श्लोकभागम् उच्चारयति - "प्राप्तव्यमर्थं लभते मनुष्यः" । राजकुमारी तत् श्रुत्वा वदति - "देवोऽपि लङ्घयितुं न शक्यः" । अनन्तरम् आरक्षकपुत्री वदति - "तस्मान्न शोचामि न विस्मयो मे" । धनिकपुत्री वदति - "यदस्मदीयं न हि तत्परेषाम्" । महाराजः सर्ववृत्तान्तं ज्ञात्वा राजकुमार्याः विवाहं प्राप्तव्यमर्थेन सह कारयति । आरक्षकः अपि स्वपुत्रीं विवाहे प्राप्तव्यमर्थाय ददाति । धनिकपुत्र्याः विवाहः अपि प्राप्तव्यमर्थेन सह भवति । प्राप्तव्यमर्थः स्वस्य मातापितरम् आदरेण राजभवनम् आनयति । सर्वे संतोषेण राजभवने निवसन्ति ।

नीतिः
विधिलिखितं परिवर्तितुं न शक्यम् ।

Praptavyamarthah

One should not do such an act that brings failure, that takes one into wrong path, that makes one lose the heavens.

In a city, there was a merchant. He was a big miser. Once, his son gave a lot of money and bought a book. In that book, there was one verse.

प्राप्तव्यमर्थं लभते मनुष्यो
देवोऽपि तं लङ्घयितुं न शक्यः ।
तस्मान्न शोचामि न विस्मयो मे
यदस्मदीयं न हि तत्परेषाम् ॥

Seeing that, the merchant became angry and said - "Giving a lot money, you bought the book. What is the use of this verse? You are a fool. Get out of the house. There is no place for you in my house". Saying this, the merchant threw out his son. The son goes to a distant place. In that distant place, seeing this new person, a city-dweller asks - what is your name? The merchant's son, without telling his name, just says the first part of the verse - "प्राप्तव्यमर्थं लभते मनुष्यः" Another city-dweller asks his name. This one again says the same part of the verse - "प्राप्तव्यमर्थं लभते मनुष्यः" Like this whoever asks, this one answers the same - - "प्राप्तव्यमर्थं लभते मनुष्यः" For that reason, in the new city, his name became known as प्राप्तव्यमर्थः

One day, a celebration takes place in the city. The princess of the city comes to the celebration with her friend. A prince of another state also comes to see the celebration. Seeing the prince, the princess becomes interested in him. The princess sends a message to the prince through her friend - In the night, come to my room. The room is in the upper part of the palace. I will hang a rope in the window of the room. Holding the rope, you come up in the room. The prince replies okay, I will do accordingly. The night time comes. The prince thinks a bit and does not go to the palace. At that same time, प्राप्तव्यमर्थः wandering near the palace, sees the rope hung from the window. Out of curiosity, he holds the rope and enters the room upside. Because of the night, there is less light in the room. The princess does not see the person who came. She thinks he is the prince. She worships him with respect. प्राप्तव्यमर्थः does not say anything. "You only are my husband. Why don't you say anything?" asks the princess. Then he utters the same part of the verse - "प्राप्तव्यमर्थं लभते मनुष्यः" Hearing that, the princess knows that this is someone else, not the prince. She throws him out of the room.

प्राप्तव्यमर्थः comes out of the room and goes to an old temple. He sleeps in the temple. In the night, a policeman comes there. He asks प्राप्तव्यमर्थ who are you. प्राप्तव्यमर्थः again says the same part of the verse. The policeman says - "This is an old temple. Do not sleep here. At a little distance is my room. Go there and sleep". प्राप्तव्यमर्थः goes to the policeman's room. There, the daughter of the policeman was expecting some other person. In the dim light, she does not see the person that came in. She gives food to him and treats him well. She asks why you are not speaking anything. He again utters the same part of the verse. She also throws him out of the room.

Then प्राप्तव्यमर्थः comes out and walks further. A marriage group with the bridegroom comes on the road playing music and dancing. प्राप्तव्यमर्थः also goes with that group. The bridegroom's marriage is fixed with the daughter of a rich person. The marriage group reaches the house of the rich person. Hearing the sound of the music, the daughter of the rich comes out of the house. At that time only, a drunk elephant comes there running. Seeing that elephant, the members of the marriage party along with the bridegroom run away from there. प्राप्तव्यमर्थः sees the frightened daughter of the rich. He says to the daughter of the rich - "Let there be no fear. I will help you". Saying this, he grabs her hand in his hand. He bravely stands in front of the elephant. By chance, the elephant goes away from there. Seeing the elephant gone, the bridegroom comes back to the house of the rich person. He sees the hand of the daughter of the rich in another person's hand. Then the daughter of the rich says - "This person saved me. I will marry him only".

By that time, the morning time comes. Hearing people's noise outside, the king with his daughter comes there. Other people of the city also come there. The king asks - "What is the reason for the noise? Who is this person that stands holding the hand of the daughter of the rich?" प्राप्तव्यमर्थः again says the same part of the verse - "प्राप्तव्यमर्थं लभते मनुष्यः" - Person certainly gets what he is supposed to get. Hearing that, the princess says - "देवोऽपि लङ्घयितुं न शक्यः" - Even god cannot overcome (change) it. Then the daughter of the policeman says - "तस्मान्न शोचामि न

विस्मयो मे" - Therefore I do not regret or not surprised. The daughter of the rich says - "यदस्मदीयं न हि तत्परेषाम्" - The one which belongs to us does not belong to others. The king knows all that happened and does the marriage of the princess with प्राप्तव्यमर्थ. The policeman also gives his daughter to प्राप्तव्यमर्थ. The marriage of the daughter of the rich also happens with प्राप्तव्यमर्थ. प्राप्तव्यमर्थ brings his mother and father with respect to the palace. All live in the palace happily.

Message
Fate cannot be changed.

सोमिलकस्य भाग्यम्

यथा धेनुसहस्रेषु वत्सो विन्दति मातरम् ।
तथा पुराकृतं कर्म कर्तारमनुगच्छति ॥

कस्मिंश्चित् नगरे सोमिलकः नाम कौलिकः आसीत् । सः वस्त्ररचनाशास्त्रे बहु कुशलः । परन्तु तस्य अधिकधनप्राप्तिः न आसीत् । नगरे अन्ये कौलिकाः अपि आसन् । ते कौलिकाः कुशलाः न आसन् । परन्तु तेषां धनप्राप्तिः उत्तमा आसीत् । अन्यकौलिकानाम् अधिकधनप्राप्तिं दृष्ट्वा सोमिलकः दुःखितः अभवत्। सः दूरदेशं गत्वा तत्र उत्तमकार्यं कृत्वा बहु धनं संपादयामि इति चिन्तयति । स्वस्य विचारं पत्नीं प्रति कथयति। पत्नी वदति - "यत्र कुत्रापि कार्यं भवतु, तस्य फलं तदेव भवति यत् भाग्ये अस्ति । अतः दूरदेशं मा गच्छतु। तेन प्रयोजनं न भवति । अस्मिन् नगरे एव कार्यं करोतु" । सोमिलकः वदति - "यः प्रयत्नं करोति सः एव उत्तमफलं प्राप्नोति । अहं तु अन्यनगरं गत्वा प्रयत्नं करोमि । बहु धनसंपादनं कृत्वा प्रत्यागमिष्यामि" । इति उक्त्वा सः अन्यनगरं गच्छति ।

अन्यनगरे सोमिलकः वर्षत्रये एव त्रिशतं सुवर्णनाणकानि संपादयति । तत् सर्वं स्यूते स्थापयित्वा स्वनगरं प्रति गच्छति । मार्गे वनं भवति । यदा सोमिलकः वने अस्ति तदा सूर्यास्तः भवति । सोमिलकः वने एकस्य वृक्षस्य अधः निद्रां गच्छति । निद्रायां स्वप्नदर्शनं भवति । स्वप्ने पुरुषद्वयं पश्यति । एकः पुरुषः वदति - "भोः कर्तः, अस्य सोमिलकस्य भाग्ये अधिकधनं नास्ति । किमर्थं भवान् एतं कौलिकम् अधिकधनं दत्तवान्?" अन्यः पुरुषः वदति - "भोः कर्मन्, यः परिश्रमं करोति तस्मै अहं फलं ददामि एव । तस्य परिणामः भवतः हस्ते अस्ति" । सोमिलकः तदा स्वप्नात् उत्तिष्ठति । स्यूते पश्यति । स्यूते सुवर्णनाणकानि न पश्यति । कष्टेन अर्जितं धनं कुत्र गतम् इति दुःखितः भवति । पुनः सः अन्यनगरं गच्छति ।

अन्यनगरे सोमिलकः वर्षमात्रकाले एव पञ्चशतं सुवर्णनाणकानि संपादयति । तत् सर्वं स्यूते स्थापयित्वा स्वनगरं प्रति गच्छति । मार्गे यदा सोमिलकः वने अस्ति तदा सूर्यास्तः भवति । धननाशभयात् सोमिलकः विश्रामं न स्वीकरोति । शीघ्रं चलति । मार्गे पुरुषद्वयं प्रत्यक्षं पश्यति । एकः पुरुषः वदति - "भोः कर्तः, अस्य सोमिलकस्य भाग्ये अधिकधनं नास्ति । किमर्थं भवान् एतं कौलिकम् अधिकधनं दत्तवान्?" अन्यः पुरुषः वदति - "भोः कर्मन्, यः परिश्रमं करोति तस्मै अहं फलं ददामि एव । तस्य परिणामः भवतः अधीने अस्ति" । सोमिलकः तदा स्यूते पश्यति । स्यूते सुवर्णनाणकानि न पश्यति । सः अतीव दुःखितः प्रलापं करोति । तदा सः आकाशात् ध्वनिं श्रृणोति - "हे सोमिलक, दुःखं मा करोतु । अहं कर्मदेवः । भवतः भाग्ये अधिकधनं नास्ति । अहम् एव धनस्य अपहरणं कृतवान् । भवतः परिश्रमेण अहं संतुष्टः । एकं वरं दातुम् इच्छामि । किं इच्छसि भवान् इति कथयतु" । सोमिलकः वदति - "हे कर्मदेव, यदि भवान् मम परिश्रमेण संतुष्टः तर्हि बहु धनं ददातु" । कर्मदेवः वदति - "यद्यपि अहं बहु धनं ददामि, भवान् तेन धनेन भोगं कर्तुं न शक्नोति । नगरे पुरुषद्वयम् अस्ति । एकः गुप्तधनः । अन्यः उपभुक्तधनः । भवान् प्रत्येकं

पुरुषस्य समीपं गत्वा भवतः अनुभवः कथं भवति इति मम समीपे वदतु । अनन्तरं भवान् इच्छति चेत् अहं धनं ददामि" ।

सोमिलकः प्रथमं गुप्तधनस्य गृहं गच्छति । रात्रिसमये आश्रयार्थं तं प्रार्थयति । गुप्तधनः निन्दन् एव सोमिलकाय आश्रयं ददाति । अनादरेण अल्पम् एव भोजनं ददाति । सोमिलकः तदेव भोजनं खादित्वा निद्रां करोति । प्रातःकाले गुप्तधनः उदररोगेण पीडितः भवति । अतः तद्दिने निराहारः तिष्ठति । किञ्चित् अपि भोजनं कर्तुं न शक्नोति । ततः सोमिलकः उपभुक्तधनस्य गृहं गच्छति । तत्रापि आश्रयार्थं तं प्रार्थयति। उपभुक्तधनः बहु आदरेण भोजनं ददाति । सोमिलकाय नूतनवस्त्राणि ददाति । निद्रार्थम् उत्तमशय्यां ददाति । एवं सोमिलकस्य कृते बहु धनस्य व्ययं करोति । प्रातःकाले तस्य गृहे पुनः धनं भवति । एतत् दृष्ट्वा सोमिलकः विस्मितः भवति ।

सः कर्मदेवं वदति - "गुप्तधनस्य समीपे अधिकधनम् अस्ति । परन्तु तस्य भोगं कर्तुं न शक्नोति । उपभुक्तधनः एव उत्तमः । अतः अहम् अपि अधिकधनं न इच्छामि" । इति सः स्वनगरं गत्वा सुखेन वसति ।

नीतिः
कर्मफले पुरुषस्य अधिकारः नास्ति ।

Fate of Somilaka

As a calf finds its mother in thousands of cows, the deed that was done before follows the doer.

In a city, there lived a weaver by the name Somilaka. He is very expert in the art of making clothes. But there was not much earning. In the city, there were other weavers also. Those weavers were not experts. But their earning was good. Seeing the better earnings of the other weavers, Somilaka became grieved. He thinks that I would go to a distant place and earn lot of money. He tells his thought to his wife. The wife says - "Here or at other place, the result of work would be the same as in the fate. Therefore, do not go to a distant place. It is of no use. Work in this city only". Somilaka says - "One who tries he only gets better result. I will go to a different city and try. I will earn a lot of money and return". Saying thus, he goes to another city.

In the different city, Somilaka earns three hundred gold coins in three years. He puts all that in a bag and goes towards his own city. On the road there is a forest. When Somilaka is in the forest, then the sunset happens. Somilaka goes to sleep under a tree in the forest. In the sleep, he sees a dream. In the dream, he sees two men. On man says - "Hey Doer, there is no more money in the fate of this Somilaka. Why did you give this weaver more money?" The other man says - "Hey Act, if a person does hard work, I will certainly give him the fruits. The result (consequence) of that is in your hands". Somilaka then wakes from his dream. He looks in his bag. He does not see the golden coins in his bag. He becomes unhappy that where did the hard-earned money go. Again, he goes to that different city.

In the different city, Somilaka, in the span of one year only, earns five hundred gold coins. He puts all that in a bag and goes towards his city. On the way when Somilaka is in the forest, then the sunset happens. Fearing the loss of his wealth, he does not take a break. He walks fast. On the way, with his eyes, he sees two men. One mas says - "Hey Doer, there is no more money in the fate of this Somilaka. For what reason, did you give this weaver more money?" The other man says - "Hey Act, if a person does hard work, I will certainly give him the fruits. The result (consequence) of that is in your control". Somilaka looks in his bag. He does not see the gold coins in the bag. Being very unhappy, he cries.

Then he hears a voice from the sky - "Hey Somilaka, do not grieve. I am the god of act. In your fate, there is not much wealth. I only took away your wealth. I am pleased by your hard work. I would like to give you a boon. Say what you would like". Somilaka says - "Hey god of act, if you are pleased by my hard work, then give lot of wealth". The god of act says - "Even if I give lot of wealth, you won't be able to use it. There are two men in the city. One is Guptadhana. The other is Upabhuktadhana. You go to each person and tell me what kind of experience you have. After that, if you like, I will give you wealth".

Somilaka first goes to Guptadhana's house. He requests shelter for the night. Guptadhana, cursing him, gives him shelter. With disrespect, he gives him very little food. Somilaka eats that food and goes to sleep. In the morning, Guptadhana suffers from stomach pain. Therefore, he stays without food that day. He cannot eat even a little food. Then Somilaka goes to Upabhuktadhana's house. He requests shelter there also. Upabhuktadhana with great respect gives food. He gives new clothes to Somilaka. He provides good bed to sleep. Like this, he spends lot of money in the purpose of Somilaka. In the morning, there is again wealth in his house. Seeing this, Somilaka becomes surprised.

He says to the god of act - "Guptadhana has lot of money. But he cannot use it. Upabhuktadhana is better. Therefore, I do not desire more wealth". Thus, he goes to his own city and lives happily.

Message
A person does not have right over the fruits of his acts.

वृषभानुसारी श्रृगालः

यो ध्रुवाणि परित्यज्य अध्रुवाणि निषेवते ।
ध्रुवाणि तस्य नश्यन्ति अध्रुवं नष्टमेव च ॥

कस्मिंश्चित् ग्रामे एकः महावृषभः आसीत् । एकदा सः मदात् ग्रामं त्यक्त्वा वने प्रवेशं करोति । वने एव सस्यानि भक्षयन् सुखेन निवसति । तस्मिन् वने एकः श्रृगालः पत्न्या सह वसति स्म । एकदा आहारार्थं श्रृगालः पत्न्या सह नदीतीरम् आगतः । तस्मिन् समये एव वृषभः अपि जलार्थं नदीतीरम् आगतः । तदा वृषभस्य महाकायं दृष्ट्वा श्रृगालपत्नी वदति - “हे श्रृगाल, अस्य वृषभस्य शरीरं पश्यतु । बहु विशालः अस्ति। एषः वृषभः कदा मरणं प्राप्नोति - एकसप्ताहेन वा एकमासेन? तावत् पर्यन्तं भवान् अस्य वृषभस्य पृष्ठतः चरतु” । श्रृगालः वदति - “हे प्रिये, अस्य वृषभस्य मरणं कदा भवति इति अहं न जानामि । किमर्थं मां तस्य पृष्ठतः वृथा श्रमाय प्रेषयसि? अत्र एव स्थित्वा ये मूषकाः जलार्थम् आगच्छन्ति तान् भक्षयावः । यदि नदीतीरे एतत् उत्तमस्थानं त्यजामि चेत् कश्चित् अन्यमृगः अस्य स्थानस्य आक्रमणं करोति” ।

श्रृगालपत्नी वदति - “श्रृगाल, यत् किञ्चित् प्राप्नोति तस्मात् एव भवान् सन्तुष्टः । अधिकं प्रयत्नं न करोति । यथा अहं वदामि तथा करोतु । वृषभस्य पृष्ठतः गच्छतु । कदाचित् महावृषभस्य शरीरस्य भोजनं प्राप्नोति”। श्रृगालः तत् श्रुत्वा नदीतीरं त्यजति । सः वृषभस्य पृष्ठतः सर्वदा गच्छति । श्रृगालपत्नी अपि तेन सह गच्छति । एवं पञ्चदशवर्षाणि अतीतानि । तदा अपि वृषभः मरणं न प्राप्नोति । श्रृगालः वृषभशरीरस्य आशां त्यजति । पुनः नदीतीरं गत्वा सुखेन निवसति ।

नीतिः
यत् प्राप्तं तत् परित्यज्य अप्राप्तस्य आशा मा भवतु ।

The Fox Following a Bullock

One who goes behind uncertain thing leaving certain things, he loses the certain things. The uncertain things are also lost.

In a village, there was a big bull. Once he in madness, he leaves the village and enters a forest. In the forest, eating the plants, he lives happily. In that forest, there was a fox living with his wife. Once for food, the fox came to the banks of a river. At the same time, the bull also came to the river bank for water. Then seeing the big body of the bull, the fox's wife says - "Hey fox, look at the body of this bull. It is very big. When will this bull attain death - in a week or in a month? Until then, you go wander behind this bull". The fox says - "Hey dear, I do not know when the death of this bull will happen. Why do you send me behind it for fruitless effort? Standing here only, we will eat the mice which come for water. If I leave this good place on the river bank, then some other animal will occupy this place".

The fox's wife said - "Fox, whatever you get, by that only you are happy. You do not do more effort. Do how I say. Go behind the bull. Some time, you will get the food of the bull's body". The fox hearing that leaves the river bank. He goes behind the bull all the time. The fox's wife also goes with him. Like this, fifteen years pass by. Then also, the bull does not attain death. The fox abandons the desire of the bull's body. He again goes to the river bank and lives happily.

Message
Leaving what is in hand, do not wish for what is not there.

तृतीयं तन्त्रम्

काकोलूकीयम्

मुख्यकथा

काकानाम् उलूकानां वैरम्

ऋणशेषं चाग्निशेषं शत्रुशेषं तथैव च ।
व्याधिशेषं च निःशेषं कृत्वा प्राज्ञो न सीदति ॥

महिलारोप्यं नाम नगरम् आसीत् । नगरसमीपे एकः महान् वृक्षः आसीत् । वृक्षे मेघवर्णः नाम काकराजः काकपरिवारेण सहितः वसति स्म । ततः किञ्चित् दूरे पर्वते गुहायाम् अरिमर्दनः नाम उलूकराजः परिवारसहितः वसति स्म । प्रत्येकस्मिन् रात्रिकाले उलूकाः वृक्षसमीपम् आगत्य अनेककाकान् मारयित्वा गच्छन्ति स्म । अतः चिन्तितः काकराजः उलूकानां निवारणार्थं परिवारेण सह चर्चां करोति । काकपरिवारे एकः अतिवृद्धः काकः आसीत् । काकराजः मेघवर्णः वृद्धकाकं पृच्छति - "काकानाम् उलूकानां मध्ये वैरं कथं जातम्?" वृद्धकाकः वदति - "एतत् वैरं बहुपुरातनकालतः अस्ति । पुरा एकदा सर्वे पक्षिणः मिलित्वा चर्चां कृतवन्तः । पक्षिराजः गरुडः सामान्यतः अस्माकं समीपे न भवति । अतः एकः नूतनः राजा आवश्यकः । उलूकः बलवान् अस्ति । अतः उलूकः अस्माकं राजा भवतु । श्वः तस्य राजाभिषेकं कुर्मः । इति निश्चयं कृतवन्तः । तत्र एकः काकः आगतः । किमर्थं अत्र सिद्धता प्रचलति इति सः पृष्टवान् । तदा पक्षिणः उलूकस्य राजाभिषेकः भवति, तदर्थं सिद्धता प्रचलति इति उक्तवन्तः । तत् श्रुत्वा काकः हसित्वा उक्तवान् - उलूकः दिनसमये द्रष्टुं न शक्नोति । अतः सः पक्षिणां रक्षणं कर्तुम् असमर्थः । सः राजा भवितुम् अयोग्यः । काकस्य वचनं श्रुत्वा पक्षिणः उलूकस्य राजाभिषेकेन निवृत्ताः । उलूकः काकस्य उपरि

कुपितः अभवत् । काकः अपि विना कारणम् उलूकेन वैरम् जातम् इति दुःखितः अभवत् । ततः प्रभृति काकानाम् उलूकानां मध्ये वैरं प्रचलितम् अस्ति ।

वृद्धकाकः उलूकानां निवारणार्थं काकराजम् एकम् उपायं वदति । उपायस्य अनुगुणं काकराजः मेघवर्णः वृद्धकाकेन सह शुष्ककलहं करोति । सः कलहव्याजेन वृद्धकाकस्य शरीरं मन्दं प्रहरति । यत् किञ्चित् रक्तं बहिः आगच्छति तत् एव वृद्धकाकस्य शरीरे सर्वत्र लेपयति । एतत् दृश्यम् उलूकराजस्य एकः मित्रपक्षी पश्यति । सः गत्वा उलूकराजम् अरिमर्दनं तत् वृत्तान्तं कथयति । अत्र मेघवर्णेन सह कलहे वृद्धकाकः अधः भूमौ पतति । मेघवर्णः अन्यैः सर्वकाकैः सह दूरदेशं गच्छति ।

अरिमर्दनः कलहस्य वृत्तान्तं श्रुत्वा इदानीम् एव काकवधाय उत्तमसमयः इति चिन्तयति । हर्षितः सः परिवारेण सह गुहातः निर्गत्य वृक्षसमीपम् आगच्छति । परन्तु सः तत्र एकम् अपि काकं न पश्यति । वृक्षस्य अधः सः मन्दं शब्दं श्रृणोति । वृद्धकाकं तत्र पश्यति । वृद्धकाकः वदति - "काकराजः दुष्टबुद्धिः । सः दिनसमये उलूकान् हन्तुम् इच्छति स्म । उलूकानां बहु शक्तिः अस्ति, तैः सह युद्धं न उचितम् इति अहम् उक्तवान् । ततः सः मया सह कलहं कृत्वा परिवारेण सह दूरं निर्गतवान् । इदानीम् अहं भवतः शरणागतः। कृपया आश्रयं ददातु" । तत् श्रुत्वा अरिमर्दनः अन्यैः उलूकैः सह वृद्धकाकस्य किं कर्तव्यम् इति चर्चां करोति । केचन उलूकाः वदन्ति - “शरणागतस्य आश्रयः महाराजस्य कर्तव्यः । एषः वृद्धकाकः काकानां रहस्यविषयान् जानाति । अस्माकं प्रयोजनं भवति” । रक्ताक्षः नाम एकः उलूकः वदति - “एषः वृद्धकाकः दुष्टबुद्धिः । अस्मै आश्रयं ददाति चेत् उलूककुलस्य दुर्गतिः भविष्यति । अतः एतं काकं मारयतु”। अरिमर्दनः किञ्चित् चिन्तयित्वा वृद्धकाकाय आश्रयं दातुं निश्चयं करोति । सर्वे उलूकाः वृद्धकाकेन सह स्वगुहां गच्छन्ति ।

उलूकानां गुहासमीपम् आगत्य वृद्धकाकः वदति - “हे उलूकराज, गुहायां मम वासः न योग्यः । अहम् अत्र एव गुहाद्वारे भवतः चरणधूलिसेवनं कुर्वन् वसामि” । उलूकराजः अरिमर्दनः वदति - "अस्तु तथैव करोतु"। वृद्धकाकः गुहायाः द्वारप्रदेशे निवसति । उलूकैः दत्तम् आहारं प्रतिदिनं भक्षयित्वा वृद्धकाकः बलवान् भवति। उलूकः रक्ताक्षः वृद्धकाकस्य वसतिः उलूकानां कृते हानिकारकः इति चिन्तयति । सः कैश्चन उलूकमित्रैः सह तां गुहां परित्यज्य दूरदेशं गच्छति । रक्ताक्षस्य निर्गमनेन वृद्धकाकः संतुष्टः भवति ।

वृद्धकाकः उलूकानां गुहाद्वारप्रदेशे स्वस्य नीडस्य निर्माणं करोति । प्रतिदिनं नीडस्य निर्माणार्थं काष्ठसंग्रहं करोति । किञ्चित् कालानन्तरं महान् काष्ठसंग्रहः भवति । एकस्मिन् दिनसमये यदा उलूकाः निद्रायां सन्ति तदा वृद्धकाकः काकराजमेघवर्णस्य समीपं गच्छति । सः काकराजं वदति - “हे काकराज, उलूकानां नाशसमयः आगतः । सर्वे काकाः मिलित्वा उलूकगुहाम् आगच्छन्तु । गुहाद्वारे महान् काष्ठसंग्रहः अस्ति । तस्मिन् अग्निं दत्वा उलूकानां नाशनं कुर्मः” । काकराजः मेघवर्णः पृच्छति - “हे वृद्धकाक, बहुकालात् भवतः दर्शनं न अभवत् । उलूकानां समीपे भवतः वासः कथम् आसीत्? सर्वं वृत्तान्तं कथयतु” । वृद्धकाकः वदति - “काकराज, इदानीं समयः नास्ति । उलूकनाशाय शीघ्रं गच्छतु । अन्यथा उलूकाः

कथञ्चित् अस्माकं कार्यं जानन्ति चेत् अनर्थः भविष्यति" । तदा सर्वे काकाः मुखे एकैकं अग्निकाष्ठं गृहीत्वा उलूकानां गुहाद्वारं गच्छन्ति । तत्र काष्ठसंग्रहे सर्वाणि अग्निकाष्ठानि पातयन्ति । ततः काष्ठसंग्रहः ज्वलति । तस्य धूमेन गुहायाम् उलूकाः कष्टम् अनुभवन्ति । दिनसमये किमपि द्रष्टुं न शक्नुवन्ति । सर्वे उलूकाः गुहायाम् एव मरणं प्राप्नुवन्ति ।

अनन्तरं काकाः सर्वे सुखेन निवसन्ति ।

नीतिः
शत्रुः बलवान् अस्ति चेत् उपायेन तस्य निवारणं करोतु ।

The Third Strategy

War Games

The Anchor Story

Enmity between Crows and Owls

A wise person does not fall in bad state by completely eliminating debt, fire, enemy, and disease.

There was a city called Mahilaropyam. Near the city, was a big tree. In the tree, lived a king of the crows by the name Meghavarna with the group of crows. From there, at some distance, in cave in a mountain, the king of owls by the name Arimardana was living with his group. Every night, the owls used to come near the tree, killed many crows and went back. Worried because of this, the crow king discusses with his group about how to get rid of the owls. In the crow group, was a very old crow. The crow king Meghavarna asks the old crow - "How did the enmity between crows and owls started?" The old crow says - "This enmity exists from very ancient days. Back then, once, all the birds gathered and discussed. The king of the birds - Garuda usually is not near us. Therefore, a new king is needed. Owl is strong. Therefore, let the owl be our king. Tomorrow we will crown him. Thus, they decided. There came a crow. Why is the preparation happening here - he asked. Then the birds said - the owl's crowning takes place, for that the preparation is taking place. Hearing that, the crow said - the owl cannot see in the daytime. Therefore, he is not capable of protecting the birds. He is unfit to become king. Hearing the crow's words, the birds stopped the crowning of the owl. The owl became angry on the crow. The crow also became unhappy that for no reason, the enmity with the owl happened. From then on, the enmity between crows and owls is going on.

To get rid of the owls, the old crow tells an idea to the crow king. As per that idea, the crow king Meghavarna does a fake quarrel with the old crow. With the excuse of the quarrel, he softly hits the body of the old crow. Whatever small amount of blood comes out, he smears that only everywhere on the body of the old crow. A bird friend of the king of the owls sees this scene. He goes and tells the news to the owl king Arimardana. The old crow falls on the ground. Meghavarna flies away to a distant place with the group of crows.

Arimardana, hearing the news of the quarrel, thinks this is the right time to kill the crows. Excited, he with his group, leaving his cave, comes near the tree. But he does not see even a single crow. Under the tree, he hears a feeble sound. He sees the old row there. The old crow says - "The crow king is evil minded. He was wanting to kill the owls during daytime. I said the owls are very strong. It doesn't make sense to fight with them. Because of that he quarreled with me and went away. Now, I am in your refuge. Please give me refuge. Hearing that, Arimardana discusses with other owls on what to do with the old crow. Some owls say - "Giving refuge to one asking for protection is the duty of a king. This old crow knows the secrets of the crows. He will be of use to us". One owl by the name Raktaksha says - "This old crow is evil minded. If you give refuge to this, bad thing will happen to the family of owls. Therefore, kill him". Arimardana thinks a little and decides to grant refuge to the old crow. All the owls go to their cave with the old crow.

The old crow comes near the cave of the owls and says - "Hey owl king, my stay in the cave is not proper. I will live near the door of the cave, serving the dust of your feet". The owl king Arimardana says to the old crow - "okay, do like that". The old crow lives near the door of the cave. The old crow becomes strong by eating the food given by the owls every day. The owl Raktaksha thinks that the stay of the old crow is detrimental to the owls. He, with some of the owl friends, leaves that cave and goes to a faraway place. By going away of Raktaksha, the old crow becomes happy.

The old crow builds his nest near the entrance of the cave of the owls. Every day, to build the nest, he collects the sticks. After some time, huge collection of sticks happens. In one daytime, when the owls were in the sleep, then old crow goes near the crow king Megharaja. He says to the crow king - "Hey crow king, the time of destruction of the owls has come. All the crows together go to the cave of the owls. At the entrance of the cave, there is a huge collection of the sticks. We will light it on fire and destroy the owls". The crow king Meghavarna asks - "Hey old crow, for many days, did not see you. How was your stay with the owls? Tell me all the news". The old crow says - "Crow king, there is no time now. Go quickly to destroy the owls. Otherwise, if the owls somehow come to know our work, then undesired thing would happen". Then all the crows take sticks lit with fire in their mouth and go to the cave entrance of the owls. There they drop all the sticks lit with fire in the pile of sticks. Because of that, the pile of sticks burns. From its smoke, the owls feel troubled in the cave. They could not see anything in the daytime. All the owls attain death in the cave itself.

Afterwards, all the crows live happily.

Message
If the enemy is strong, get rid of him by a using a smart strategy.

शशकः गजयूथः च

निर्विषेणापि सर्पेण कर्तव्या महती फणा ।
विषं भवतु मा वास्तु फणाटोपो भयङ्करः ॥

कस्मिंश्चित् वने एकः गजयूथः वसति स्म । तस्य नायकः चतुर्दन्तः नाम गजः । एकदा अनेकवर्षपर्यन्तं वृष्टिः न अभवत् । जलाशयेषु जलं अत्यल्पम् अभवत् । गजयूथः जलस्य अभावात् तत् वनं त्यजति । अन्यवनं गच्छति । तत्र उत्तमजलयुक्तः सरोवरः भवति । गजयूथः सरोवरस्य समीपे वसति । प्रतिदिनं गजाः सरोवरं गत्वा जले क्रीडन्ति । सूर्यास्तसमये आनन्देन पुनः वनं प्रतिगच्छन्ति । सरोवरं परितः शशकानां बिलाः सन्ति । गजाः जलक्रीडां समाप्य यदा मार्गे चलन्ति तदा शशकबिलाः गजानां पादप्रहारेण नष्टाः भवन्ति । अनेके शशकाः मृताः भवन्ति । एवं प्रतिदिनं गजानां गमनागमनेन अनेके शशकाः मरणं प्राप्नुवन्ति । ततः दुःखिताः शशकाः उपायं चिन्तयन्ति ।

उपायानुगुणं लम्बकर्णः नाम एकः शशकः रात्रिसमये गजयूथस्य नायकस्य समीपं गच्छति । तत्र उन्नतशिलाखण्डस्य उपरि सः शशकः उपविशति । लम्बकर्णः चतुर्दन्तं वदति - "हे दुष्टगज, भवान् किमर्थम् अत्र सरोवरम् आगच्छति? अस्य सरोवरस्य स्वामी चन्द्रदेवः । अतः कुत्रचित् दूरदेशं गच्छतु" । चतुर्दन्तः पृच्छति - "भवान् कः?" लम्बकर्णः वदति - "अहं लम्बकर्णः नाम शशकः । चन्द्रमण्डले अहं वसामि । चन्द्रदेवः भवतः कृते संदेशम् एकं प्रेषितवान्" । चतुर्दन्तः पृच्छति - "कः संदेशः चन्द्रदेवस्य? कथयतु" । लम्बकर्णः वदति - "अत्र सरोवरप्रदेशे अनेके शशकाः निवसन्ति । ते सर्वे चन्द्रदेवस्य परिवारजनाः । भवतः गजयूथस्य आगमनेन अनेके शशकाः मृताः । अतः चन्द्रदेवः क्रुद्धः । इतः परम् अस्मिन् सरोवरस्य समीपं मा आगच्छतु । इति चन्द्रदेवस्य संदेशः । सः चन्द्रदेवः इदानीं सरोवरे एव तिष्ठति" । चतुर्दन्तः वदति - "अस्तु । यदि चन्द्रदेवः सरोवरे अस्ति तर्हि तं दर्शयतु । अहं तं देवं प्रणामं कृत्वा गच्छामि" । शशकः गजं सरोवरतीरं नयति । सरोवरस्य जले चन्द्रबिम्बं दर्शयित्वा वदति - "भोः, एषः अस्माकं स्वामी चन्द्रदेवः जलमध्ये ध्यानमग्नः तिष्ठति । भवान् शीघ्रम् एव नमस्कारं कृत्वा गच्छतु" । चतुर्दन्तः विनयेन चन्द्रं नमस्कारं कृत्वा ततः गच्छति । गजयूथेन सह अन्यवनं गच्छति । शशकाः सरोवरतीरे सुखेन निवसन्ति ।

नीतिः

उत्तमजननामकीर्तनेन सिद्धिः भवति ।

Rabbit and the Elephant Herd

A serpent, though non-poisonous, should open its head big. Whether there is poison or not, the big head is scary.

In a forest, there lived a herd of elephants. Its leader was an elephant by the name Chaturdanta. Once, for many years, there was no rain. The elephant herd for the scarcity of the water, abandons that forest. It goes to another forest. There is a lake with good water. The elephant herd lives near the lake. Every day, the elephants go to the lake and play in the water. At sunset, they happily go back to the forest. Around the lake, there are holes of rabbits. When the elephants compete the water-play and walk on the path, then the rabbit holes get destroyed by the trampling of the feet of the elephants. Many rabbits die. Like this every day, by going-and-coming of the elephants, many rabbits attain death. Grieved by that, the rabbits think of a solution.

According to that solution, a rabbit by the name Lambakarna, at the night time, goes near the leader of the elephants. There, the rabbit sits on top of a tall rock. Lambakarna says to Chaturdanta - "Hey wicked elephant, why do you come to the lake? The owner of this lake is the moon god. Therefore, go to some other distant place". Chaturdanta asks - "Who are you?" Lambakarna says - "I am a rabbit by the name Lambakarna. I live on the moon planet. The moon god has sent a message for you". Chaturdanta asks - "What is the message of the moon god? Tell it". Lambakarna says - "Here near the lake, many rabbits live. They all are the entourage of the moon god. By coming of your elephant herd, many rabbits have died. Therefore, the moon god is angry. Hereafter do not come near the lake. Thus, is the message of the moon god. That moon god right now stays in the lake". Chaturdanta says - "Okay, if the moon god is in the lake, show him to me. I will bow down to him and go". The rabbit takes the elephant to the banks of the lake. He shows the reflection of the moon in the lake's water and says - "Hey, this is our owner the moon god, stays in the water meditating. You bow to him quickly and go". Chaturdanta humbly bows to the moon and goes away from there. He along with the elephant herd goes to a different forest. The rabbits live happily on the banks of the lake.

Message
By taking the name of good people, you get success.

मार्जारमुनिः

न तादृग्जायते सौख्यमपि स्वर्गे शरीरिणाम् ।
दारिद्र्येऽपि हि यादृक् स्यात्स्वदेशे स्वपुरे गृहे ॥

कस्मिंश्चित् वने एकः महावृक्षः आसीत् । वृक्षे एकः कोटरः आसीत् । कोटरे कपिञ्जलः नाम चटकः वसति स्म । सः एकदा आहारार्थं बहु दूरप्रदेशं गतवान् । तदा शीघ्रगः नाम एकः शशकः तस्मिन् कोटरे आगत्य वसति । अनेकदिनानन्तरं चटकः पुनः वृक्षस्य समीपम् आगच्छति । कोटरे शशकं पश्यति । अयं मम कोटरः, भवान् अन्यत्र गच्छतु इति शशकं वदति । शशकः अपि अयं मम कोटरः, भवान् अन्यत्र गच्छतु इति चटकं वदति । इति परस्परं कलहः भवति । चटकः शशकं वदति - "अयं कोटरः मम अस्ति वा भवतः इति निर्णयं कश्चित् मुनिः कर्तुं शक्नोति । मया सह आगच्छतु" । शशकः चटकेन सह गच्छति । शशकस्य चटकस्य कलहम् एकः मार्जारः शृणोति । सः एकस्मिन् नदीतीरे मुनिः इव ध्यानमग्नः तिष्ठति । मार्गे स्थितं मार्जारं दृष्ट्वा शशकः वदति - "हे चटक, एषः महामुनिः अत्र तिष्ठति । एषः कोटरः कस्य इति सः वक्तुं शक्नोति" । चटकः वदति - "एषः मार्जारः । स्वभावतः चटकानां शत्रुः । शशकानाम् अपि शत्रुः। अत्र अहं दूरे तिष्ठामि । भवान् अपि दूरे एव तिष्ठतु । अनन्तरं प्रश्नं पृच्छतु" । शशकः अस्तु इति दूरे एव स्थित्वा कोटरः कस्य इति मार्जारं पृच्छति । मार्जारः किञ्चित् नेत्रम् उन्मील्य वदति - "अहं बहु वृद्धः । दूरतः न शृणोमि । समीपम् आगत्य पृच्छतु । अहं निश्चयेन प्रश्नस्य समाधानं वदामि" । तत् श्रुत्वा शशकः मार्जारे विश्वासं करोति । सः मार्जारस्य समीपं गच्छति । शशकः किं वदति इति श्रोतुं चटकः अपि मार्जारस्य समीपं गच्छति । तदा मार्जारः शशकं दन्तैः तथा चटकं पादेन गृहीत्वा मारयति ।

नीतिः
कुपुरुषं स्वामित्वे न नियोजयेत् ।

The Ascetic Cat

Even in poverty, it does not give that much pleasure in heaven, as one gets pleasure in one's own country, own city, own house.

In some forest, there was a big tree, In the tree, there was a big cavity. In the cavity, a sparrow by the name Kapinjala lived. He once went to a distant place for food. Then a hare by the name Sheeghraga came and lived in that cavity. After many days, the sparrow came again near the tree. He sees the hare in the cavity. This is my cavity, you go to some other place - says to the hare. The hare also says to the sparrow - "This is my cavity, you go to some other place". Like this mutual quarrel takes place. The sparrow says to the hare - "Whether this cavity is yours or mine, of this decision can be done by an ascetic. Come with me". The hare says okay and goes with the sparrow. A cat hears the quarrel between the hare and the sparrow. He stands meditating like an ascetic on a river bank. Seeing a cat on the way, the hare says - "Hey sparrow, an ascetic stands here. He will be telling of whom the cavity is". The sparrow says - "This is a cat. By nature, it is the enemy of sparrows. He is the enemy of hares also. I will stand at a distance. You also stand at a distance. After that, you ask the question". The hare says okay and standing at a distance, asks to the cat of whom the cavity is. The cat opens its eye a little and says - "I am very old. I do not hear from a distance. Come near me and ask. I will certainly answer your question". Hearing that the hare trusts the cat. It goes near the cat. The sparrow also goes near the cat to hear what the hare would say. Then the cat kills the hare by its teeth and the sparrow by its leg.

Message
One should not appoint a wicked person in a responsible position.

त्रयः धूर्ताः

रोहति सायकैर्विद्धं छिन्नं रोहति चासिना ।
वचोदुरुक्तं बीभत्सं न प्ररोहति वाक्क्षतम् ॥

कस्मिंश्चित् वने मित्रशर्मा नाम ब्राह्मणः वसति स्म । एकदा सः यज्ञं कर्तुम् इच्छति । सः अन्यग्रामे एकस्य गृहस्थस्य गृहं गच्छति । यज्ञार्थं पशुम् एकं ददातु इति गृहस्थं प्रार्थयति । गृहस्थः एकं हरिणं ददाति । ब्राह्मणः हरिणं स्कन्धे गृहीत्वा स्वगृहं प्रति गच्छति । तस्य मार्गे त्रयः धूर्ताः आगच्छन्ति । ते बुभुक्षिताः ब्राह्मणस्य स्कन्धे हरिणं पश्यन्ति । हरिणम् उपायेन अपहृत्य भक्षयामः इति चिन्तयन्ति ।

प्रथमः धूर्तः ब्राह्मणस्य सम्मुखे गत्वा वदति - "हे ब्राह्मण, भवान् किम् एतत् लोकविरुद्धं हास्यकार्यं करोति? किमर्थं भवतः स्कन्धे कुक्कुरः?" ब्राह्मणः कोपेन वदति - "किम् अन्धः भवान्? हरिणम् एतं कुक्कुरः इति वदति?" धूर्तः वदति - "कोपः मास्तु । गच्छतु" । द्वितीयः धूर्तः ब्राह्मणस्य सम्मुखे गत्वा वदति - "भोः ब्राह्मण, कलिकालः अयम् । किमर्थं भवतः स्कन्धे मृतवत्सः?" ब्राह्मणः कोपेन वदति - "भोः, किम् अन्धः भवान्? हरिणम् एतं मृतवत्सः इति कथयति?" धूर्तः वदति - "कोपः मास्तु । यत् अहं दृष्टवान् तत् उक्तवान् । भवतः यत् रोचते तत् करोतु" । तृतीयः धूर्तः ब्राह्मणस्य सम्मुखे गत्वा वदति - "हे ब्रह्मन्, एतत् न योग्यम् । किमर्थं गर्दभं स्कन्धे नयति?" तदा ब्राह्मणः स्कन्धे गर्दभः एव अस्ति इति चिन्तयति । सः भयात् हरिणं तत्र एव क्षिप्त्वा पलायनं करोति । त्रयः धूर्ताः तं हरिणं भक्षयन्ति ।

नीतिः
बुद्धिप्रयोगेन बलवान् अपि वञ्चितः भवति ।

Three Cunning People

One burnt by arrows can grow again. One cut by a sword grows back. But something destroyed by bad words, never grows back.

In some forest, lived a brahmana by the name Mitrasharma. Once, he desires do a sacrifice. He goes to the house of a householder in another city. He prays the householder to give an animal for the sacrifice. The householder gives him a deer. The brahmana takes the deer on his shoulder and walks towards his home. On his way, three cunning arrive. They, being hungry, see the deer on brahmana's shoulder. They think by some trick, we will steal and eat the deer.

The first man comes in front of the brahmana and says - "Hey brahmana, what is this unconventional and ridiculous thing you are doing? For what purpose, is the dog on your shoulder?" The brahmana angrily says - "Are you blind? You call this deer a dog?" The man says - "Let there be no anger. Keep going". The second man comes in front of the brahmana and says - "O brahmana, this is the time of Kali. For what reason, there is a dead calf on your shoulder?" The brahmana angrily says - "Hey, are you blind? You call this deer a dead calf?" The man says - "Let there be no anger. I said what I saw. You do what you like". The third man goes in front of the brahmana and says - "Hey brahman, this is improper. For what purpose you are carrying a donkey on your shoulder?" Then the brahmana thinks there is certainly a donkey on his shoulder. He, with fear, throws the deer there only and runs away. The three cunning men eat the deer.

Message
By using brain power, even a strong person can be deceived.

मार्गच्युतः सर्पः

मानो वा दर्पो वा विज्ञानं विभ्रमः सुबुद्धिर्वा ।
सर्वं प्रणश्यन्ति समं वित्तविहीनो यदा पुरुषः ॥

कस्मिंश्चित् वल्मीके अतिदर्पः नाम कृष्णसर्पः आसीत् । कदाचित् सः बिलमार्गं त्यक्त्वा अन्येन लघुद्वारेण बहिः गन्तुं प्रयत्नं करोति । सः सर्पः महाकायः । यदा लघुमार्गेण सः गच्छति तदा तस्य शरीरे व्रणः भवति । व्रणात् रक्तं बहिः आगच्छति । रक्तस्य गन्धेन बहवः पिपीलिकाः व्रणम् आक्रमन्ति । पिपीलिकाभिः पीडितः सर्पः बहु व्याकुलः भवति । सः पिपीलिकाः ताडयितुं प्रयत्नं करोति । ताः मारयितुं प्रयत्नं करोति । परन्तु पिपीलिकानां संख्या बहु अधिका भवति । पिपीलिकानां पीडया व्रणः विस्तृतः भवति । ततः सर्पः मरणं प्राप्नोति ।

नीतिः
बहुभिः विरोधः न युक्तः ।

The Lost Serpent

When a person loses money, he loses respect, pride, intellect, happiness all at once.

In an ant-hill, was a cobra by the name Atidarpa. Some time, abandoning the path to his hole, he tries to go out through a small opening. That serpent is big-bodied. When he goes through the small opening, then a wound happens in his body. The blood comes out of the wound. By the smell of blood, many ants occupy the wound. Troubled by the ants, the serpent becomes very grieved. He tries to hit the ants. He tries to kill the ants. But the number of ants is very high. Troubled by ants, the wound widens. By that, the serpent attains death.

Message
One should not do enmity with many.

सुवर्णलोभी ब्राह्मणः

बलवन्तं रिपुं दृष्ट्वा सर्वस्वमपि बुद्धिमान् ।
दत्वा हि रक्षयेत् प्राणान् रक्षितैस्तैर्धनं पुनः ॥

कस्मिंश्चित् ग्रामे हरिदत्तः नाम ब्राह्मणः वसति स्म । सः कृषिकार्यं कुर्वन् जीवति स्म । तथापि क्षेत्रे धान्योत्पत्तिः बहु नासीत् । एकदा उष्णकाले श्रान्तः सः एकस्य वृक्षस्य अधः गत्वा उपविशति । तदा किञ्चित् दूरे वल्मीकस्य उपरि बृहत्फणायुक्तं सर्पं पश्यति । ब्राह्मणः चिन्तयति - "नूनं सः सर्पः अस्य क्षेत्रस्य देवता । क्षेत्रदेवतायाः पूजां करोमि चेत् धान्योत्पत्तिः अधिकं भवति" । सः किञ्चित् दुग्धं मृण्मयपात्रे आनयति । दुग्धपात्रं वल्मीकस्य समीपे स्थापयति । नमस्कारं कृत्वा सः गृहं गच्छति । प्रातःकाले ब्राह्मणः क्षेत्रम् आगच्छति । वल्मीकस्य समीपं गत्वा पश्यति । पात्रे दुग्धं न आसीत् । परन्तु तस्मिन् एका सुवर्णमुद्रा आसीत् । ततः परमहृष्टः सः पुनः वल्मीकं नमस्करोति । एवं प्रतिदिनं दुग्धम् आनयति । दुग्धं वल्मीकस्य समीपे स्थापयति । एकैकं सुवर्णमुद्रां गृहीत्वा गच्छति ।

एकदा ब्राह्मणस्य अन्यस्मिन् ग्रामे किमपि कार्यम् आसीत् । ब्राह्मणः वल्मीकसमीपे दुग्धं स्थापयितुं पुत्रं योजयित्वा अन्यग्रामं गच्छति । पुत्रः वल्मीकस्य समीपं गच्छति । तत्र सुवर्णमुद्रां पश्यति । सः चिन्तयति - "वल्मीके इतोऽपि अधिकमुद्राः भवेयुः । सर्पं मारयित्वा सर्वाः मुद्राः गृह्णामि" । पुत्रः एकं दण्डम् आनयति। यदा सर्पः दुग्धं पातुं वल्मीकात् बहिः आगच्छति तदा सः दण्डेन सर्पं ताडयति । सर्पः क्रुद्धः तं ब्राह्मणपुत्रं विषदन्तैः दशति । ब्राह्मणपुत्रः मरणं प्राप्नोति ।

ब्राह्मणः किञ्चित् कालानन्तरं स्वगृहं प्रत्यागच्छति । पुत्रः सर्पदशनेन मृतः इति ग्रामजनाः ब्राह्मणं कथयन्ति। प्रातःकाले दुग्धपात्रं गृहीत्वा सः ब्राह्मणः वल्मीकस्य समीपं गच्छति । तदा सर्पः वल्मीके एव स्थित्वा वदति - "हे ब्राह्मण, अतः परं भवतः तथा मम मध्ये प्रीतिः भवितुं न अर्हति । भवतः पुत्रः लोभवशः मां दण्डेन ताडितवान् । मम दशनात् सः मरणं प्राप्तवान् । भवान् सुवर्णलोभात् पुत्रशोकं त्यक्त्वा अद्य मम समीपम् आगतवान् । परन्तु अहं कथं भवतः पुत्रस्य दण्डप्रहारं विस्मरामि? भवान् कथं पुत्रशोकं विस्मरति? इतः परम् अत्र न आगच्छतु" । इति उक्त्वा सः सर्पः ब्राह्मणाय बहु धनं दत्वा प्रेषयति ।

नीतिः
योग्यकाले यः कार्यं न करोति तस्य दुर्गतिः भवति ।

The Brahmana with Greed of Gold

Seeing a strong enemy, a wise person should save his life by giving up all that he has. After saving own life, the wealth can be earned again.

In a village, there was a brahmana named Haridatta. He lived by doing farming work. Even then, there was not much yield (of grains) in the farm. Once in the summer, tired, he goes under a tree and sits there. Then, a little away, upon an ant-hill he sees a serpent with a big head. The brahmana thinks - "Really, this serpent is the deity of this farm. If I worship the deity of the god, the yield will be more". He brings some milk in an earthen cup. He keeps the cup near the ant-hill. He bows and goes home. In the morning, the brahmana comes to the farm. He goes near the ant-hill and sees. There was no milk in the cup. But there was a gold coin in it. Very happy because of that, he again bows to the ant-hill. Like this, he brings the milk every day. He keeps the milk near the ant-hill. He takes one gold coin and goes.

Once, there was some work of the brahmana in a different village. The brahmana appoints his son to keep the milk near the ant-hill and goes to another village. The son goes near the ant-hill. There he sees a gold coin. He thinks - "In the ant-hill there must be even more gold coins. I will kill this serpent and take all the gold coins". The son brings a stick. When the serpent comes out of the ant-hill to drink the milk, he hits the serpent with the stick. The serpent, being angry, bits the brahmana's son with its poisonous teeth. The brahmana's son attains death.

The brahmana, after some time, returns to his home. The villagers tell the brahmana that the son died of the serpent-bite. In the morning, holding the milk vessel, he goes near the ant-hill. Then the serpent, staying in the ant-hill only, says - "Hey brahmana, hereafter, there cannot be love between you and me. Your son, being greedy, hit me with a stick. He died of my bite. You, because of greed of the gold, leaving your son's loss, today came near me. But how would I forget the hit of the stick by your son? How would you forget your son's loss? Don't come here hereafter". Saying thus, the serpent gave lot of wealth to the brahmana and sent him away.

Message
If one does not do the right thing at the right time, loss happens to him.

हंसकलहः

हीनः शत्रुर्निहन्तव्यो यावन्न बलवान् भवेत् ।
प्राप्तस्वपौरुषबलः पश्चाद्भवति दुर्जयः ॥

एकस्मिन् नगरे चित्ररथः नाम राजा आसीत् । नगरे एकः सुन्दरः सरोवरः आसीत् । तस्मिन् सरोवरे अनेके स्वर्णमयाः हंसाः वसन्ति स्म । सरोवरे प्रतिषण्मासे हंसाः एकैकं पिच्छं त्यजन्ति स्म । एकदा कश्चित् अन्यः पक्षी तं सरोवरम् आगतवान् । तं दृष्ट्वा हंसाः वदन्ति - "हे पक्षि, अस्मिन् सरोवरे प्रवेशं मा करोतु । अत्र भवतः स्थानं नास्ति । वयं हंसाः प्रतिषण्मासे सरोवरे पिच्छदानं कुर्मः । अतः एषः अस्माकं सरोवरः । भवान् अन्यत्र कुत्रचित् गच्छतु" । परन्तु सः पक्षी अस्मिन् सरोवरे एव अहं वसामि इति वदति । एवं तेषां मध्ये कलहः आरम्भः भवति । सः नूतनपक्षी महाराजस्य समीपं गत्वा वदति - "महाराज, भवतः सरोवरे हंसाः अतिदर्पिताः । ते वदन्ति सरोवरः अस्माकम् एव । कस्यापि प्रवेशः नास्ति अत्र । महाराजः किं करिष्यति इति" । तत् श्रुत्वा महाराजः क्रुद्धः भवति । सः राजपुरुषान् आज्ञापयति - "भवन्तः सरोवरं गत्वा सर्वान् हंसान् मारयन्तु" । राजपुरुषाः तथैव सरोवरं गत्वा सर्वान् हंसान् मारयन्ति ।

नीतिः
यः भूतेभ्यः अनुग्रहं न कुर्वन्ति सः नश्यति ।

Quarrel of the Swans

An enemy should be killed when he is weak and is not yet strong. After attaining strength, he becomes unconquerable.

In a city, there was a king by the name Chitraratha. In the city, there was a beautiful lake. In that lake, lived many golden swans. Every six months, the swans dropped one feather each in the lake. Once, some bird came to that lake. Seeing him, the swans say - "Hey bird, do not enter this lake. There is no place for you here. We the swans, every six months, donate the feathers in the lake. So, this lake is ours. You go to some other place". But that bird says I will stay in this lake only. Like this a quarrel started between them. That new bird goes to the king and says - "King, in your lake, the swans are very arrogant. They say the lake is ours only. There is no entry to anyone. What will the king do?" Hearing that the king becomes angry. He orders the king's men - "You go to the lake and kill all the swans". The king's men, like that, go to the lake and kill all the swans.

Message
One who does not show compassion towards living beings, will get destroyed.

धार्मिकः कपोतः

न गृहं गृहमित्याहुर्गृहिणी गृहमुच्यते ।
गृहं हि गृहिणीहीनमरण्यसदृशं मतम् ॥

कश्चन व्याधः आसीत् । सः अतीव क्रूरः । तस्य दुर्गुणकारणात् मित्रजनाः बान्धवाः अपि दूरीभूताः । सः व्याधः प्रतिदिनं वनं गत्वा अनेकान् पशून् पक्षीन् च मारयति स्म । एकदा सः वने कपोतीम् एकां गृहीत्वा पञ्जरके स्थापयित्वा स्वगृहं प्रति चलति । मार्गे बहु वृष्टिः भवति । शैत्येन पीडितः व्याधः पञ्जरकेण सह एकस्य वृक्षस्य अधः तिष्ठति । सः वदति - "अत्र कोऽपि अस्ति चेत् कृपया मम साहाय्यं करोतु । अहं शैत्येन पीडितः बुभुक्षया व्याकुलः अपि" । वृक्षस्य उपरि एकः कपोतः वसति । सः प्रातःकालतः स्वभार्याम् अदृष्ट्वा बहु प्रलापं करोति । पञ्जरके स्थिता कपोती पत्युः प्रलापं श्रृणोति । सा वदति - "हे प्राणनाथ, अहं भवतः पत्नी अस्य व्याधस्य पञ्जरके बद्धा । मम पूर्वकर्मदोषः एव मम बन्धनस्य कारणम् । व्याधस्य दोषः नास्ति । अतः व्याधस्य विषये द्वेषः मास्तु । भवान् व्याधस्य अतिथिसत्कारं करोतु" ।

तत् श्रुत्वा कपोतः व्याधं वदति - "अत्र भवतः स्वागतम् अस्ति । कृपया उपविशतु । शुष्कपर्णैः अग्निं ज्वालयामि । भवान् तस्य तापेन सुखीभवतु" । इति कपोतः अग्निं ज्वालयति । व्याधः तस्य समीपे शैत्यमुक्तः तिष्ठति । कपोतः पुनः वदति - "भवान् बुभुक्षितः । परन्तु मम समीपे किमपि खाद्यं नास्ति । अतः अहं देहत्यागं करोमि । माम् एव भक्षयित्वा तृप्तः भवतु" । इति उक्त्वा सः कपोतः अग्नौ पतति । व्याधः कपोतस्य आचरणात् प्रभावितः भवति । पञ्जरकम् उद्घाट्य कपोतीं बन्धनात् मोचयति । कपोती बहिः आगत्य पतिं मृतं दृष्ट्वा दुःखिता भवति । पत्युः विना जीवनं किं प्रयोजनम् इति सा अपि अग्नौ पतति। तत् दृष्ट्वा व्याधस्य मनःपरिवर्तनं भवति । ततः परं सः हिंसाकार्यं त्यक्त्वा सरलजीवनं करोति ।

नीतिः
शरणागताय आश्रयं ददातु ।

The Righteous Pigeon

A house is called a house because of lady living in it. A house without a lady is like a forest.

There was a hunter. He was very cruel. Because of his bad nature, his friends and relatives moved away from him. The hunter everyday went to the forest and killed many animals and birds. Once, he captures a female pigeon, puts it in a cage and walks towards his home. On the way, it rains a lot. Troubled by the cold, the hunter stands under a tree with the cage. He says - "If there. Is anyone here, please help me. I am bothered by the cold and troubled by the hunger". In the tree, a pigeon lived. Since morning, without seeing his wife, weeps a lot. The female pigeon in the cage hears the weeping of her husband. She says - "Hey dear, I am your wife trapped in this hunter's cage. My previous deeds are the reason for my captivity. There is no mistake of the hunter. Therefore, let there be no hatred towards the hunter. You treat the hunter well".

Hearing that, the pigeon says to the hunter - "You are welcome here. Please sit down. I will light up the fire with the dry leaves. You be happy with its warmth". Thus, he lights up the fire. The hunter stands near it free of the cold. The pigeon again says - "You are hungry. But there is nothing that is eatable with me. Therefore, I will leave my body. You become satisfied after eating me". Saying thus, that pigeon falls into the fire. The hunter becomes influenced by the deed of the pigeon. He opens the cage and releases the female pigeon from captivity. The female pigeon comes out and seeing the husband dead, becomes sorrowful. Thinking there is no use of life without her husband, she also falls in the fire. Seeing that, the hunter's mind changes completely. Thereafter, he abandons violent work and lives a simple life.

Message
Give shelter to one who desires it.

वृद्धवणिक्

यः करोति नरः पापं न तस्यात्मा ध्रुवं प्रियः ।
आत्मना हि कृतं पापमात्मनैव हि भुज्यते ॥

कस्मिंश्चित् नगरे एकः वणिक् वसति स्म । सः बहु वृद्धः । तस्मिन् वृद्धकाले सः विवाहं कर्तुम् इच्छति ।
नगरे एका तरुणी आसीत् । तया सह सः विवाहं कृतवान् । सा तरुणी वृद्धेन सह विवाहं कृत्वा बहु
दुःखिता आसीत् । सा वृद्धं द्रष्टुम् अपि न इच्छति स्म । एकदा रात्रिकाले वृद्धस्य गृहे एकः चोरः प्रवेशं
करोति । तरुणी चोरं दृष्ट्वा भीता भवति । चोरभयात् सा वृद्धपतिम् आलिङ्गति । सः वृद्धः अद्य मम पत्नी
मां किमर्थम् आलिङ्गति इति विस्मितः भवति । तस्य सन्तोषः अपि भवति । प्रकोष्ठे सर्वत्र पश्यति ।
एकस्मिन् कोणे चोरं पश्यति । तथापि वृद्धः चोरस्य निवारणं न करोति । सः वृद्धः चोरं वदति - "भवतः
कारणात् मम पत्नी माम् अद्य आलिङ्गितवती । भवान् यत् इच्छसि मम गृहात् तत् चोरयतु" । तत् श्रुत्वा
चोरः वदति - "वृद्ध, भवान् मां दृष्ट्वा अपि निवारणं न कृतवान् । अतः अहम् उपकृतः अस्मि । भवतः
गृहात् किमपि न चोरयामि । भवतः मङ्गलम् अस्तु" । इति उक्त्वा चोरः ततः गच्छति ।
नीतिः
दुर्जनाः अपि कदाचित् उपकारं स्मरन्ति ।

The Old Merchant

One who does sinful acts, certainly does not like self. The results of sinful acts are
suffered by oneself only.

In some city, there lived a merchant. He was very old. In that old age, he wants
to marry. In the city, there was a young woman. He married her. That young
woman was very unhappy after marrying the old man. She did not want to even
see the old man. Once during night time, a thief entered the house of the old
man. The young woman, seeing the thief, becomes frightened. Fearing the thief,
she embraces her old husband. The old man is surprised - why today my wife is
embracing me. He also becomes happy. He looks around the room. He sees the
thief in a corner of the room. Even then, the old man does not shoo away the
thief. The old says to the thief - "Because of you, my wife embraced me.
Whatever you like from my house, steal it". Hearing that, the thief says - "Old
man, even after seeing me, you did not shoo me away. Therefore, I am indebted
to you. I won't steal anything from your house. Let there be good to you". Saying
thus, the thief goes away from there.

Message
Even wicked people sometimes remember favor done to them.

ब्राह्मणभाग्यम्

व्याधितेन सशोकेन चिन्ताग्रस्तेन जन्तुना ।
कामार्तेनाथ मत्तेन दृष्टः स्वप्नो निरर्थकः ॥

एकस्मिन् नगरे कश्चित् ब्राह्मणः आसीत् । सः अतीव दरिद्रः । कश्चित् धनिकः तं दरिद्रं ब्राह्मणं दृष्ट्वा दयापरः तस्मै धेनुम् एकं दत्तवान् । ब्राह्मणः धेनुं प्रीत्या पालयति स्म । एकदा कश्चित् चोरः धेनुं चोरयितुं ब्राह्मणस्य गृहं प्रति गच्छति । तस्य मार्गे एकः बृहदाकारः पुरुषः आगच्छति । तस्य पुरुषस्य रक्तनेत्रद्वयं तीक्ष्णदन्ताः च आसन् । चोरः तं पुरुषं दृष्ट्वा भीतः भवान् कः इति पृच्छति । पुरुषः चोरं वदति - "अहं ब्रह्मराक्षसः । भवान् कः?" चोरः वदति - "अहं चोरः । ब्राह्मणस्य धेनुं चोरयितुं गच्छामि" । राक्षसः वदति - "समीचीनम् । अहं भवता सह आगच्छामि । अहं ब्राह्मणं भक्षयामि । भवान् धेनुं चोरयतु" । इति सः चोरेण सह ब्राह्मणस्य गृहं प्राप्नोति ।

ब्राह्मणः यदा निद्रां गच्छति तदा राक्षसः ब्राह्मणं भक्षयितुं गच्छति । तत् दृष्ट्वा चोरः वदति - "भोः राक्षस, तिष्ठतु तावत् । एतत् न सम्यक् । अहं प्रथमं धेनुं चोरयामि । अनन्तरं भवान् ब्राह्मणं भक्षयतु" । राक्षसः वदति - "धेनुग्रहणसमये कदाचित् ब्राह्मणस्य निद्राभङ्गः भवेत् । अतः अहं प्रथमं ब्राह्मणं भक्षयामि" । चोरः वदति - "ब्राह्मणभक्षणसमये कदाचित् कोऽपि विघ्नः भवेत् । अतः अहं प्रथमं धेनुं चोरयामि" । इति तयोः मध्ये विवादः उत्पन्नः । एतस्मिन् अन्तरे ब्राह्मणस्य निद्राभङ्गः भवति । तत् दृष्ट्वा चोरः ब्राह्मणं वदति - "भोः ब्राह्मण, एषः ब्रह्मराक्षसः । भवन्तम् एव भक्षयितुम् अत्र आगतः" । राक्षसः अपि वदति - "एषः चोरः । भवतः धेनुं चोरयितुम् अत्र आगतः" । ब्राह्मणः सावधानः भवति । सः देवतामन्त्रम् उच्चार्य ब्रह्मराक्षसस्य निरसनं करोति । काष्ठदण्डेन सः चोरं निवारयति ।

नीतिः
यदा शत्रवः परस्परं कलहं कुर्वन्ति तदा स्वस्य लाभः भवति ।

Fate of the Brahmana

A dream dreamt by one with disease, sorrow, worry, lust, insane is a waste.

In a city, there was a brahmana. He was very poor. Some rich person, seeing the poor brahmana, being merciful, gave him a cow. The brahmana tended to the cow with love. Once, a thief goes towards the brahmana's house to steal the cow. On his way, a huge man comes. That man had red eyes and sharp teeth. The thief, saw him and being afraid, asks him - who are you. The man says to the thief - "I am brahma-demon. Who are you?" The thief says - "I am a thief. I am going to steal the cow of a brahmana. The demon says - "Good. I will come with you. I will eat brahmana. You steal the cow". Thus, he goes to the brahmana's house with the thief.

When the brahmana goes to sleep, then the demon goes to eat the brahmana. Seeing that, the thief says - "O demon, wait a bit. This is not right. I will steal the cow first. After that, you eat the brahmana.". The demon says - "While taking the cow, brahmana's sleep may break. Therefore, I will first eat the brahmana". The thief says - "While eating the brahmana, some trouble might happen. Therefore, I will steal the cow first". Thus, between them argument started. In the meantime, the brahmana's sleep was disturbed. Seeing that, the thief says to the brahmana - "Hey brahmana, this is brahma-demon. He came here to eat you only". The demon also says - "This is a thief. He came here to steal your cow". The brahmana becomes alert. He chants a god's mantra and drives away the brahma-demon. With a wooden stick, he drives away the thief.

Message
When enemies quarrel with each other, one would benefit.

सर्पकलहः

जीर्यन्ते जीर्यतः केशा दन्ता जीर्यन्ति जीर्यतः ।
चक्षुः श्रोत्रे च जीर्यन्ते तृष्णैका तरुणायते ॥

कस्मिंश्चित् नगरे एकः राजा आसीत् । तस्य पुत्रः जठरवल्मीकरोगेण पीडितः । तत्कारणात् तस्य उदरे एकः लघुसर्पः वसति स्म । अनेकैः उपचारैः अपि तस्य राजपुत्रस्य स्वास्थ्यं न प्राप्तम् । सः दुःखितः नगरं त्यक्त्वा अन्यत् नगरं गतः । तत्र भिक्षाटनं कृत्वा कस्मिंश्चित् देवालये वसति स्म ।

तस्य नगरस्य महाराजस्य कन्याद्वयम् आसीत् । प्रथमकन्या विनयशीला आसीत् । अन्या पितरं सर्वदा निन्दति स्म । अतः राजा द्वितीयकन्यायाः विवाहं केनचित् निर्गतिकेन सह कर्तुं सचिवम् उक्तवान् । सचिवः देवालये भिक्षुकरूपेण वसन्तं राजपुत्रं पश्यति । तेन सह द्वितीयकन्यायाः विवाहं कारयति । सा राजकन्या भिक्षुकरूपिराजपुत्रं पतिरूपेण स्वीकृत्य दूरदेशं गता ।

एकदा राजकन्या आपणं गन्तुम् इच्छति । सा पतिं वदति - "अहं किञ्चित् कार्यार्थम् आपणं गच्छामि । भवान् मम आगमनपर्यन्तम् अत्र वृक्षमूले उपविशतु" । इति उक्त्वा सा गच्छति । राजपुत्रः किञ्चित् कालं वृक्षमूले उपविशति । समीपे एकः वल्मीकः भवति । रोगात् शक्तिहीनः राजपुत्रः वल्मीकसमीपे निद्रां गच्छति । तदा तस्य उदरस्थः सर्पः मुखात् बहिः आगत्य वायुसेवनं करोति । तस्मिन् समये एव वल्मीके स्थितः सर्पः अपि बहिः आगच्छति । वल्मीकस्थः सर्पः उदरस्थसर्पं दृष्ट्वा कथयति - "हे दुष्ट, किमर्थं भवान् राजपुत्रं पीडयति?" उदरस्थः सर्पः कोपेन वदति - "भोः, भवान् अपि दुष्टः । वल्मीकस्थसुवर्णं कस्मै अपि न ददाति" । वल्मीकस्थः सर्पः वदति - "हे दुष्ट, भवतः मारणोपायं कः न जानाति? उष्णतण्डुलकाषायेन भवतः मरणं निश्चितम्" । उदरस्थः सर्पः वदति - "भोः, भवतः मारणोपायं कः न जानाति? उष्णतैलेन भवतः मरणं निश्चितम्" ।

राजकन्या वृक्षस्य पार्श्वे स्थित्वा सर्पद्वयस्य सर्वं संभाषणं श्रृणोति । सा उष्णतण्डुलकाषायं पत्यै ददाति । यदा पतिः काषायं पिबति तदा उदरस्थः सर्पः मरणं प्राप्नोति । पतिः पुनः स्वास्थ्यं प्राप्नोति । राजकन्या उष्णतैलेन वल्मीकस्थसर्पं मारयति । वल्मीके स्थितं सुवर्णं नीत्वा राजपुत्रेण सह सुखेन निवसति ।

नीतिः
द्वयोः कलहे अन्यस्य लाभः ।

Quarrel of the Serpents

In the aging people - hairs turn gray, teeth fall, eyes and ears get weak. Only desire grows younger (gets stronger).

In a city, there was a king. His son was suffering from anthill-in-the-stomach disease. Because of that, a small serpent lived in his stomach. By different treatments also he did not get better. Distressed, he left the city and went to a different city. There, doing begging, he lived in some temple.

The king of that city had two daughters. The first daughter was humble. The other always abused the father. Therefore, the king told the minister to marry off the second daughter to some poor. The minister saw the prince in the temple living as a beggar. He marries off the second daughter to him. That princess takes the prince living as the beggar as her husband.

Once, the princess wants to go shopping. She says to her husband - "I am going to a shop for some work. Until I come back, you sit under this tree". Saying this, she goes away. The prince sits under the tree for some time. Nearby, there is an ant-hill. Weak because of the illness, the prince goes to sleep near the ant-hill. Then, the serpent in the stomach, comes out his mouth and takes in the air. At that time only, the serpent living in the ant-hill also comes out. The ant-hill serpent says - "Hey wicked, why are you troubling the prince?" The stomach-serpent angrily says - "You are also wicked. You do not give the gold in the ant-hill to anyone". The ant-hill serpent says - "Hey wicked, who does not the trick to kill you? By hot rice extract, your death is certain". The stomach-serpent says - "Hey, who does not know the trick to kill you? By hot oil, your death is certain".

The princess, standing near the tree, listens to all the conversation of both the serpents. She gives the hot rice-extract to her husband. When the husband drinks it, the serpent in his stomach dies. The husband regains his health. The princess kills the serpent in the ant-hill with the hot oil. She takes the gold that was in the ant-hill and lives happily with the prince.

Message
In quarrel of the two, the third one benefits.

मूर्खः रथकारः

मित्ररूपा हि रिपवः संभाव्यन्ते विचक्षणैः ।
ये हितं वाक्यमुत्सृज्य विपरीतोपसेविनः ॥

कस्मिंश्चित् नगरे एकः रथकारः वसति स्म । तस्य पत्नी अन्यपुरुषे आसक्ता इति नगरजनाः वदन्ति स्म । पत्न्याः गुणपरीक्षणं कर्तव्यम् इति रथकारः चिन्तयति । एकदा सः पत्नीं वदति - "किञ्चित् कार्यार्थम् अहं दूरनगरं गच्छामि । सप्ताहानन्तरं पुनः आगमिष्यामि" । इति उक्त्वा सः गृहात् निर्गच्छति । रथकारस्य गमनानन्तरं तस्य पत्नी गृहात् बहिः गच्छति । तदा रथकारः पुनः गृहे प्रवेशं कृत्वा शय्यायाः अधः गुप्तः तिष्ठति ।

रथकारस्य पत्नी किञ्चित् समयानन्तरं परपुरुषेण सह गृहम् आगच्छति । गृहे शय्यायाम् उपविशति । तदा अकस्मात् रथकारस्य हस्तेन सह तस्याः पादस्पर्शः भवति । शय्यायाः अधः रथकारः एव अस्ति इति तस्य पत्नी इदानीं जानाति । सा उपायम् एकं चिन्तयति । सा परपुरुषं वदति - "हे महानुभाव, भवतः आगमनस्य कारणं श्रृणोतु । अद्य अहं देवतादर्शनार्थं देवालयं गतवती । तत्र देववाणीं श्रुतवती - षण्मासानन्तरं भवत्याः पतिः मरणं प्राप्नोति इति । तदा अहं उक्तवती - मम पतिः मम अतीव प्रियः । तस्य जीवनस्य उपायं सूचयतु इति । देववाणी उक्तवती - यदि भवती परपुरुषम्आलिङ्गनं करोति तर्हि भवत्याः पतिः वर्षशतं जीवति इति । अतः भवन्तम् अहं गृहम् आहूतवती" । इति उक्त्वा सा परपुरुषम् आलिङ्गति। रथकारः शय्यातलात् बहिः आगत्य संतोषेण वदति - "साधु मम प्रिये । मम जीवनरक्षणाय भवती सर्वं करोति । विना कारणम् अहं भवत्यां शङ्कां कृतवान् । क्षम्यताम्" । इति उक्त्वा रथकारः परपुरुषस्य अपि आदरं कृतवान् ।

नीतिः
यत् श्रुतं तत् कदाचित् असत्यं भवति ।

The Stupid Mechanic

Friends who do act unfavorably are indeed enemies.

In a city, lived a mechanic. People of the city were saying that his wife was interested in a different man. The mechanic thought that the nature of the wife must be tested. Once, he says to his wife - "For some work, I will go to a distant city. After a week, I will come back. After the mechanic leaves, his wife goes out. Then the mechanic again enters the house and stays under the bed hidden.

The mechanic's wife, after some time, comes home with a different man. At home, she sits on the bed. Then, by chance, her foot touches with the mechanic's hand. His wife now knows the mechanic is under the bed. She thinks of an idea. She says to the other man - "Hey gentleman, listen to the reason you have come here. Today, I went to the temple to see the deity. There I heard the deity's voice saying - After six months, your husband attains death. Then I said - My husband is very dear to me. Tell me a solution for his (long) life. The deity's voice said - If you hug another man, then your husband will live for one hundred years. Therefore, I called you home". Thus saying, she hugged the other man. The mechanic comes out from under the bed and happily says - "Good, my dear. To save my life, you do all this. For no reason, I suspected you. Forgive me". Saying this, the mechanic honored the other man also.

Message
Sometimes what is heard is not true.

मूषककन्या

कुपुत्रोऽपि भवेत् पुंसां हृदयानन्दकारकः ।
दुर्विनीतः कुरूपोऽपि मूर्खोऽपि व्यसनी खलः ॥

गङ्गानद्याः तटे कश्चित् मुनिः वसति स्म । एकदा सः स्नानं कृत्वा ध्यानं करोति स्म । तदा आकाशे एकः श्येनपक्षी मूषिकाम् एकां मुखे गृहीत्वा गच्छति स्म । श्येनमुखात् मूषिका अधः मुनेः हस्ते पतति । मुनिः तपोबलात् मूषिकां बालिकारूपे परिवर्तनं करोति । तां बालिकां वात्सल्येन वर्धयति । यदा सा तारुण्यं प्राप्ता तदा तस्याः विवाहं कर्तुम् इच्छति ।

लोके सूर्यः उत्तमः इति चिन्तयित्वा मुनिः सूर्यदेवम् मन्त्रेण आहूयति । सूर्यदेवः तस्य पुरतः आगच्छति । सः पुत्रीं पृच्छति - "पुत्रि, किम् एषः सूर्यदेवः रोचते?" पुत्री वदति - "सूर्यः अत्युष्णः । न रोचते । तस्मात् अधिकं बलवन्तम् आह्वयतु" । मुनिः सूर्यं पृच्छति - "भवतः अधिकः कः?" सूर्यः वदति - "मेघः मत्तः अधिकः । तस्य आच्छादनेन अहम् अदृश्यः भवामि" ।

मुनिः मेघम् आह्वयति । पुत्रीं मेघः रोचते किम् इति पृच्छति । पुत्री मेघः कृष्णवर्णः, अतः न रोचते इति वदति । मुनिः भवतः अपि अधिकः कः इति मेघं पृच्छति । मेघः मत्तः अपि वायुः अधिकः, वायुना मम नाशः भवति इति कथयति । मुनिः वायुम् आहूय पुत्रीं पृच्छति । पुत्री वायुः अति गतिशीलः, न रोचते इति वदति । मुनिः भवतः अपि अधिकः कः इति वायुं पृच्छति । वायुः मत्तः अपि पर्वतः अधिकः, पर्वतेन मम गतिनिरोधः भवति इति वदति । मुनिः पर्वतराजम् आहूय पुत्रीं पृच्छति । पुत्री पर्वतः अति कठिनः, न रोचते इति वदति । मुनिः पर्वतराजं भवतः अपि अधिकः कः इति पृच्छति । पर्वतः मत्तः अपि मूषकः बलवान् । मूषकः मम शरीरं खण्डयति इति वदति । मुनिः मूषकम् एकम् आहूय पुत्रीं पृच्छति ।

मूषकं दृष्ट्वा हृष्टा सा वदति - "मूषकः मम स्वजातीयः । एतेन सह विवाहं करोमि । मां मूषिकां कृत्वा विवाहं कारयतु" इति मुनिं प्रार्थयति । मुनिः तां कन्यां पुनः मूषिकां कृत्वा मूषकेन सह विवाहं कारयति ।

नीतिः
स्वभावपरिवर्तनं न सुलभम् ।

The Mouse Girl

Even a bad child who is disrespectful, ugly, stupid, having bad habits and evil is seen as a joy-giving son by a parent.

On the banks of the Ganga river, lived an ascetic. Once, he was doing meditation after taking a bath. Then an eagle was going in the sky holding a female mouse in its mouth. From the eagle's mouth, the mouse falls down in the ascetic's hand. The ascetic, with his power, changes the mouse into a girl. He raises the girl with love. When she attains youth, then he wishes to marry her.

Thinking that the sun is good in this world, the ascetic calls the Sun God with a mantra. The Sun God comes in front of him. He asks the daughter - "Daughter, do you like this Sun God?" The daughter says - "Sun is very hot. I do not like him. Call someone stronger than him". The ascetic asks the Sun - "Who is better than you?" The sun says - "Cloud is better than me. By his cover, I disappear."

The ascetic calls the cloud. He asks - daughter, do you like the cloud? The daughter says the cloud is of black color, do not like it. The ascetic asks the cloud who is better than you. The cloud says wind is better than me, I get destroyed by the wind. The ascetic calls the wind and asks the daughter. The daughter says the wind is very moving, I do not like him. The ascetic asks the wind who is better than him. The wind says the mountain is better than me. By mountain, my movement is stopped. The ascetic calls the mountain king and asks the daughter. The daughter says the mountain is very hard, do not like it. The ascetic asks the mountain king who is better than you. The mountain says mouse is stronger than me. The mouse makes pieces of my body. The ascetic calls a mouse and asks the daughter.

Seeing the mouse, happily she says - "The mouse belongs to my family. I will marry him. Make me a female mouse and marry me off". The ascetic makes her back into a female mouse and marries her off to the mouse.

Message
Changing of one's intrinsic nature is not easy.

सुवर्णपक्षी

तृष्णे देवि नमस्तुभ्यं यया वित्तान्विता अपि ।
अकृत्येषु नियोज्यन्ते भ्राम्यन्ते दुर्गेष्वपि ॥

कस्मिंश्चित् पर्वते एकः महावृक्षः आसीत् । वृक्षे एकः पक्षी वसति स्म । सः पक्षी सुवर्णमयं पुरीषं ददाति स्म । एकदा कश्चित् व्याधः सः पक्षी सुवर्णपुरीषं ददाति इति जानाति । सः पक्षिणं पञ्जरके गृहीत्वा गृहं गच्छति । मम गृहे एतादृशः पक्षी अस्ति इति कोऽपि जानाति चेत् महाराजाय निवेदयति । अतः अहम् एव एतं पक्षिणं महाराजाय ददामि । इति सः पञ्जरके पक्षीं गृहीत्वा राजभवनं गच्छति । महाराजः पक्षिणं दृष्ट्वा संतुष्टः भवति । तस्य सम्यक् पालनं करोतु इति महाराजः सचिवं वदति । तदा सचिवः वदति - "कदापि लोके कश्चित् पक्षी सुवर्णमयं पुरीषं ददाति इति न श्रुतम् । एषः व्याधः असत्यं वदति" । सचिवस्य वचनं श्रुत्वा महाराजः पञ्जरकात् पक्षिणं मुञ्चति । पक्षी राजद्वारे उपविश्य सुवर्णमयपुरीषं ददाति । झटिति ततः उड्डयनं कृत्वा पक्षी दूरदेशं गच्छति ।

नीतिः
मूर्खसचिवेन हानिः भवति ।

The Golden Bird

Salute to the desire goddess, by whom even the rich do improper acts and get into difficult places.

In some mountain, there was a big tree. In the tree, lived a bird. That bird used to give golden poop. A hunter comes to know that the bird gives the golden poop. He puts the bird in a cage and goes home. If someone comes to know that this kind of bid is in my home, he would inform the king. Therefore, I will myself give this bird to the king. Thus, he puts the bird in the cage and goes to the palace. The king sees the bird and becomes happy. He tells the minister to look after it properly. Then the minister says - "It is never heard in the world that a bird gives out a golden poop. This hunter is lying". Hearing the minister's words, the king releases the bird from the cage. The bird sits in the palace gate and gives out the golden poop. Immediately, flying from there, the bird goes to a faraway place.

Message
A foolish minister causes loss.

मूर्खसिंहः

भयसंत्रस्मनसां हस्तपादादिकाक्रियाः।
प्रवर्तन्ते न वाणी च वेपथुश्चाधिको भवेत् ॥

कस्मिंश्चित् वने एकः सिंहः वसति स्म । एकदा सः वने बहु अटति । तथापि सः किमपि खादनं न प्राप्नोति। सः समीपे एकां गुहां पश्यति । सः चिन्तयति - "अस्यां गुहायां तिष्ठामि । प्रायः कश्चित् मृगः गुहायाम् आगच्छति" । इति सः सिंहः विना शब्दं गुहायां तिष्ठति । किञ्चित् कालानन्तरं एकः श्रृगालः स्वस्य गुहायाः द्वारसमीपम् आगच्छति । तत्र सिंहस्य पादचिह्नानि पश्यति । पादचिह्नानि केवलं प्रवेशदिशायां भवन्ति । निर्गमनस्य पादचिह्नानि न भवन्ति । तत् दृष्ट्वा श्रृगालः चिन्तयति - "प्रायः गुहायां सिंहः अस्ति । तत् कथम् अहं निश्चयेन जानामि? एकः उपायः अस्ति" ।

श्रृगालः द्वारप्रदेशे स्थित्वा वदति - "अहो गुहे, अहो गुहे" । गुहातः कोऽपि शब्दः न आगच्छति । श्रृगालः पुनः वदति - "अहो गुहे, प्रतिदिनं भवती मम स्वागतं करोति । अद्य किमर्थं तूष्णीं तिष्ठति? स्वागतं न करोति चेत् अहं प्रवेशं न करोमि" । तत् श्रुत्वा सिंहः चिन्तयति - "प्रायः एषा गुहा प्रतिदिनं श्रृगालस्य स्वागतं करोति । अद्य मम भयात् तूष्णीं तिष्ठति । अतः अहम् एव स्वागतं वदामि" । इति सः सिंहः उच्चैः गर्जनं करोति । सिंहस्य गर्जनं श्रुत्वा श्रृगालः ततः पलायनं करोति ।

नीतिः
अपरिचितदेशे वीरस्य अपि पराभवः भवति ।

The Stupid Lion

For the one who is frightened, arms, feet, talk do not work, and shivering happens.

In a forest, lived a lion. Once he roams a lot in the forest. Even then, he does not get any food. He sees a cave nearby. He thinks - "I will stay in the cave. Probably, some animal will come in to the cave". Thus, the lion stays in the cave silently. After some time, one fox comes near the entrance of its cave. There it sees the foot marks of lion. The foot marks are only in the direction of entry. There are no foot marks of coming out. Seeing that, the fox thinks - "Probably, there is a lion in the cave. How do I know for certain? There is one idea".

The fox stands near the entrance and says - "Hey cave, hey cave!" No sound comes out of the cave. The fox again says - "Hey cave, you welcome me every day. Why are you staying silent today? If you do not welcome me, I won't enter". Hearing that, the lion thinks - "Probably, this cave welcomes the fox every day. Today, because of my fear, is staying silent. Therefore, I only will say welcome". Thus, that lion loudly roars. Hearing the roar of the lion, the fox runs away from there.

Message
In an unfamiliar place, one gets defeated easily.

सर्पवाहनम्

अपमानं पुरस्कृत्य मानं कृत्वा तु पृष्ठतः ।
स्वार्थमभ्युद्धरेत्प्राज्ञः स्वार्थभ्रंशो हि मूर्खता ॥

कस्मिंश्चित् वने मन्दविषः नाम वृद्धः सर्पः आसीत् । वृद्धकाले कथं सुलभतया आहारं प्राप्नोमि इति सः चिन्तितवान् । वने एकः जलाशयः आसीत् । जलाशये बहु मण्डूकाः आसन् । सर्पः जलाशयस्य समीपं गच्छति । तत्र तटे दुःखितः इव मुखं कृत्वा तिष्ठति । तदा एकः मण्डूकः पृच्छति - "भोः सर्प, किमर्थं भवान् दुःखितः?" सर्पः वदति - "ह्यः रात्रौ अहं मण्डूकम् एकं दृष्टवान् । मां दृष्ट्वा सः मण्डूकः मृत्युभयात् पलायनं कृत्वा कस्यचित् ब्राह्मणसमूहस्य मध्ये गतः । अहम् अपि तं मण्डूकम् अनुसरन् ब्राह्मणसमूहस्य मध्ये प्रवेशं कृतवान् । तत्र अज्ञानेन अहं कस्यचित् ब्राह्मणपुत्रस्य हस्ते दशनं कृतवान् । सः ब्राह्मणपुत्रः मरणं प्राप्तवान् । तदा ब्राह्मणः मण्डूकानां वाहनं भवतु इति मह्यं शापं दत्तवान् । अतः अहं भवतां वाहनं भूत्वा सेवां कर्तुम् अत्र आगतवान्" । सः मण्डूकः एतत् सर्वं मण्डूकराजस्य समीपं गत्वा कथयति । सः मण्डूकराजः सर्पस्य आदरं करोति । स्वयं सर्पस्य फणप्रदेशे उपविशति । केचन मण्डूकाः सर्पस्य पृष्ठप्रदेशे उपविशन्ति । सर्पः तान् सर्वान् मण्डूकान् शरीरस्य उपरि धृत्वा सरति । मण्डूकाः सर्पं वाहनं कृत्वा आनन्दिताः भवन्ति ।

अपरस्मिन् दिने सर्पः बहु मन्दं मन्दं चलति । मण्डूकराजः पृच्छति - "किमर्थम् अद्य भवान् मन्दं चलति?" सर्पः वदति - "अहम् अद्य आहारं न खादितवान् । अतः मम शरीरे शक्तिः नास्ति" । मण्डूकराजः वदति - "नास्ति चिन्ता । भवान् लघुमण्डूकान् प्रतिदिनं खादतु" । हृष्टः सर्पः प्रतिदिनं लघुमण्डूकान् खादति । अन्यमण्डूकान् पृष्ठोपरि गृहीत्वा तेषां वाहनं भवति । एवं किञ्चित् कालः गच्छति । मन्दविषसर्पः बलवान् भवति । एकदा तत्र कश्चित् अन्यः सर्पः आगच्छति । अन्यसर्पः मन्दविषं पृच्छति - "भोः, सर्पः मण्डूकस्य सहजवैरी । तर्हि भवान् कथं एतेषां वाहनम्?" मन्दविषः हसित्वा वदति - "उपायेन एतत् कृतवान् अहम्"। मण्डूकराजः दूरेण तत् श्रुत्वा मन्दविषं पृच्छति - "भवान् किं उक्तवान्?" मन्दविषः वदति - "अहं किम् अपि न उक्तवान्" । अल्पकाले मन्दविषसर्पः सर्वान् मण्डूकान् खादितवान् ।

नीतिः
बुद्धिमान् पुरुषः अपमानस्य सहनं कृत्वा स्वकार्यं साधयेत् ।

The Serpent Ride

The wise one should get their work done by tolerating the disrespect and forgetting the respect from others. It is foolish not getting the work done.

In a forest, lived an old serpent named Mandavisha. He thought how do I get food easily in the old age. In the forest, there was a pond. In the pond, there were many frogs. The serpent goes near the pond. There he stands with sorry-face. Then a frog asks - "O serpent, why are you sorrowful?" The serpent says - "Last night, I saw a frog. Seeing me, the frog fearing for its life, ran away and went into a group of brahmanas. I also, following the frog, entered in the middle of the group of brahmanas. There, without knowing, I bit the hand of some brahmana's son. That brahmana's son attained death. Then the brahmana cursed me to become the carrier of frogs. Therefore, I have come here to become your carrier and serve you". That frog goes near the king of the frogs and tells him all this. That king of the frogs respects the serpent. He himself sits on the head of the serpent. Some frogs sit on the back of the serpent. The serpent holds all those frogs on its back and moves. Making the serpent their carrier, the frogs become joyful.

The next day, the serpent moves very slowly. The king of the frogs asks - "Why do you today move slowly?" The serpent says - "I did not eat any food today. Therefore, there is no strength in my body". The king of the frogs says - "No worries. You eat small frogs every day". Excited, the serpent eats small frogs every day. He takes other frogs on its back and becomes their carrier. Like this, some time goes by. Once, another serpent comes there. The other snake asks Mandavisha - "O, serpent is the natural enemy of frog. Then, how come you are their carrier?" Mandavisha laughs and says - "I did this by a trick". The king of the frogs hears this from a distance and asks Mandavisha - "What did you say?" Mandavisha says - "I did not say anything". In a short time, the serpent Mandavisha ate all the frogs.

Message
A wise man should tolerate disrespect and get their work done.

ब्राह्मणस्य उपायः

कृते प्रतिकृतिं कुर्याद्धिंसिते प्रतिहिंसितम् ।
न तत्र दोषं पश्यामि दुष्टे दुष्टं समाचरेत् ॥

कस्मिंश्चित् नगरे एकः ब्राह्मणः वसति स्म । तस्य पत्नी परपुरुषे आसक्ता । सा प्रतिदिनं ब्राह्मणस्य स्नानकाले परपुरुषस्य गृहं गत्वा तस्मै मधुरखाद्यं ददाति स्म । एकदा ब्राह्मणः स्नानं शीघ्रं समापयति । पत्नी मधुरखाद्यं गृहीत्वा बहिः गच्छति इति दृष्ट्वा पृच्छति - "प्रिये, खाद्यं गृहीत्वा कुत्र गच्छति?" पत्युः प्रश्नेन भीता सा वदति - "देवालये पूजार्थं खाद्यं नयामि" । इति उक्त्वा सा देवालयं गच्छति । ब्राह्मणः अन्यमार्गेन देवालयं गत्वा देवविग्रहस्य पृष्ठतः गुप्तरूपेण तिष्ठति । पत्नी देवालये देवविग्रहं नमस्करोति । सा देवीं पृच्छति - "हे देवि, कथं मम पतिः अन्धः भवति इति उपायं वदतु" । तदा ब्राह्मणः ध्वनिपरिवर्तनं कृत्वा वदति - "यदि भवती बहु मधुरखाद्यं पत्यै ददाति तर्हि सः शीघ्रम् एव अन्धः भविष्यति" । संतुष्टा पत्नी गृहं गच्छति । ब्राह्मणः अपि गृहं गच्छति ।

गृहे पत्नी ब्राह्मणं प्रीत्या बहु मधुरखाद्यं ददाति । ब्राह्मणः खाद्यं खादति । अनन्तरं सः वदति - "प्रिये, अहं किम् अपि द्रष्टुं न शक्नोमि । अहम् अन्धः इदानीम्" । हृष्टा पत्नी परपुरुषं गृहम् आह्वयति । यदा परपुरुषः गृहम् आगच्छति तदा ब्राह्मणः तं केशेषु गृहीत्वा ताडयति ।

नीतिः
बुद्धिमान् पुरुषः योग्यकालं प्रतीक्ष्य कार्यं साधयेत् ।

Brahmana's Trick

To one who helps, return the favor. To one who troubles, return the trouble. I do not see any wrong in doing evil to the evil.

In a city, there was a brahmana. His wife was interested in a different person. During the bath time of the brahmana, the wife used to go to the other man's house and give him sweets. Once, the brahmana finishes his bath early. Seeing his wife taking the sweets and going out, the brahmana asks - "Dear, taking these sweets, where do you go?" Frightened by husband's question, she says - "i am taking the sweets to the temple for offering". Saying this, she goes to the temple. The brahmana also goes to the temple by another road and stands hidden behind the idol. In the temple, she bows to the idol. The wife asks the goddess - "Hey goddess, tell me a trick how my husband would become blind". Then the brahmana changing his voice, says - "If you give him lot of sweets, then he will soon become blind". Happily, the wife goes home. The brahmana also goes home.

At home, the wife with love gives the brahmana lot of sweets. The brahmana eats the sweet. Then he says - "Dear, I cannot see anything. I am blind now". The wife becomes happy and invites the other person to her house. When the other person comes to the house, then the brahmana holds him by his hair and beats him.

Message
A wise person should wait for a proper time to get his work done.

चतुर्थं तन्त्रम्

लब्धप्रणाशः

मुख्यकथा

मधुरं हृदयम्

एकं प्रसूयते माता द्वितीयं वाक् प्रसूयते ।
वाग्जातमधिकं प्रोचुः सोदर्यादपि बन्धुवत् ॥

कस्यचित् सागरस्य तटे जम्बूवृक्षः आसीत् । तस्मिन् वृक्षे एकः वानरः वसति स्म । सः प्रतिदिनं वृक्षस्य मधुरफलानि भक्षयति स्म । एकदा सागरात् एकः मकरः तीरप्रदेशम् आगच्छति । वानरः मकरं दृष्ट्वा अतिथिभावेन स्वागतं करोति । सः मकराय जम्बूफलानि ददाति । मकरः तस्य मित्रं भवति । मकरः प्रतिदिनं सागरतीरम् आगच्छति । वानरेण सह सम्भाषणं करोति । वानरः तस्मै मधुरफलानि ददाति । मकरः फलानि खादति । सः कानिचन फलानि गृहीत्वा स्वगृहं गच्छति । गृहं गत्वा तानि फलानि पत्न्यै ददाति । एवं बहुकालः गच्छति ।

एकदा मकरस्य पत्नी वदति - "हे प्रिय, भवान् प्रतिदिनं कुतः मधुरफलानि आनयति?" मकरः वदति - "सागारतीरे एकः वृक्षः अस्ति । वृक्षे मम मित्रम् वानरः वसति । सः वृक्षात् प्रतिदिनं फलानि ददाति" । मकरी वदति - "भवतः मित्रं प्रतिदिनं मधुरफलानि खादति । अतः तस्य हृदयं बहु मधुरं भवेत् । भवान् वानरं अस्माकं गृहम् आनयतु । तस्य हृदयं खादितुम् अहम् इच्छामि" । मकरः वदति - "प्रिये, एवं मा वदतु । सः वानरः मम प्रियमित्रम् । तस्य वधः न उचितः" । मकरी वदति - "भवतः मित्रं नूनं काचित् वानरी स्यात् । तस्याम् अनुरक्तः भवान् तस्याः वधं कर्तुं न इच्छति । मयि प्रीतिः अस्ति चेत् तं वानरम् अवश्यम् अत्र आनयतु" । पत्नीवचनं श्रुत्वा मकरः अस्तु इति सागरतीरं गच्छति ।

वानरः मकरं पृच्छति - "भोः मित्र, अद्य विलम्बः कथम्?" मकरः वदति - "अद्य मम पत्न्या सह सम्भाषणम् अभवत् । मम पत्नी गृहे भवतः सत्कारं कर्तुम् इच्छति । अतः मम गृहम् आगच्छतु" । वानरः वदति - "एषः सन्तोषस्य विषयः । परन्तु भवतः गृहं जले अस्ति । अहं कथं तत्र प्राप्नोमि?" मकरः वदति - "मम गृहं सागरस्य मध्ये द्वीपप्रदेशे अस्ति । भवान् मम पृष्ठस्य उपरि उपविशतु । अहं भवन्तं नयामि" । वानरः मकरस्य पृष्ठे उपविशति । मकरः सागरजले तरति। किञ्चित् कालानन्तरं परितः जलं दृष्ट्वा वानरः भीतः भवति । मन्दं गच्छतु इति सः मकरं वदति ।

मकरः चिन्तयति - "इदानीं वानरः कुत्रापि गन्तुं न शक्नोति । तम् अहं सत्यविषयं वदामि । तेन सः मरणात् पूर्वं दैवस्मरणं कर्तुं समयं प्राप्नोति" । मकरः वदति - "भोः मित्र, मम पत्नी भवतः मधुरहृदयं खादितुम् इच्छति । अतः अहं भवन्तं मम गृहं नयामि । इदानीं भवान् दैवस्मरणं करोतु" । वानरः किञ्चित् चिन्तयित्वा वदति - "भवतः पत्नी मम हृदयं खादितुम् इच्छति इति सन्तोषस्य विषयः । एतत् सागरतीरे एव किं न उक्तवान्? मम हृदयं तु वृक्षस्य कोटरे अस्ति । पुनः मां वृक्षस्य समीपं नयतु । अहं हृदयं गृहीत्वा आगच्छामि" । मकरः वानरस्य वचनं श्रुत्वा पुनः सागरतीरं गच्छति । वानरः झटिति वृक्षम् आरोहति । मकरः वदति - "शीघ्रं हृदयं गृहीत्वा आगच्छतु । गृहे मम पत्नी प्रतीक्षां करोति" । वानरः हसित्वा वदति - "हे मूर्खमकर, कस्यापि हृदयं शरीरात् बहिः भवति किम्? भवान् कृतघ्नः । अतःपरम् अत्र कदापि मा आगच्छतु" मकरः चिन्तयति - "इदानीं वानरेण विना गृहं गच्छामि चेत् पत्नी कुपिता भवति । कथञ्चित् अस्य वानरस्य विश्वासं सम्पादयामि" । मकरः वदति - "भोः मित्र, पत्नी भवतः हृदयं खादितुम् इच्छति इति अहं केवलं हास्यं कृतवान् । सा भवतः सत्कारं कर्तुम् इच्छति । मया सह गृहम् आगच्छतु" । वानरः वदति - "भोः, अहं न आगच्छामि । अतः गच्छतु । कदापि भवतः दर्शनं मा भवतु" ।

मकरः तथापि ततः न गच्छति । पुनः पुनः वानरं प्रार्थयति । किञ्चित् काले कश्चित् जलजन्तुः मकरस्य समीपम् आगत्य वदति - “हे मकर, भवतः पत्नी बहुकालं भवन्तम् अदृष्ट्वा प्राणत्यागं कृतवती” । तत् श्रुत्वा मकरः बहु विलपनं करोति । इदानीं मम पत्नी मृता, पुनः मित्रत्वं स्वीकरोतु इति प्रार्थयति । वानरः तस्य प्रार्थनां निराकरोति । सः वदति - “भवान् मां जले नीत्वा मारयितुं चिन्तितवान् । अतः अहं कदापि भवतः मित्रं न भवामि” । तदा कश्चित् अन्यः जलजन्तुः तत्र आगत्य वदति - “हे मकर, बहुकालात् भवान् स्वगृहात् दूरं गतवान् । भवतः गृहे इदानीं कश्चित् अन्यः मकरः वसति” । तत् श्रुत्वा मकरः पुनः विलपनं करोति । इदानीं गृहम् अपि गतं, कृपया मम मित्रत्वं स्वीकरोतु इति वानरं प्रार्थयति । वानरः तस्य प्रार्थनां निराकरोति। वानरः मकरं वदति - “भवान् स्वगृहं गच्छतु । अन्यमकरेण सह युद्धं करोतु । एतत् एव भवतः उचितं कार्यम्” । मकरः स्वगृहं गच्छति । अन्यमकरेण सह युद्धं कृत्वा विजयं प्राप्नोति । स्वगृहे आनन्देन निवसति ।

नीतिः
कष्टकाले धैर्येण कार्यं साधयेत् ।

The Fourth Strategy

Risking the Gains

The Anchor Story

The Sweet Heart

Mother may birth to one brother. But the talk produces the other brother. One produced by the talk is better than the one born by the mother.

On the banks of some sea, there was a plum fruit. In that tree lived a monkey. He used to eat the sweet fruits of the tree. Once, a crocodile comes from the sea to the banks. The monkey sees the crocodile and welcomes him as if he was a guest. He gives the plum fruits to the crocodile. The crocodile becomes its friend. The crocodile comes to the banks of the sea every day. He talks with the monkey. The monkey gives him sweet fruits. The crocodile eats the fruits. He takes some fruits and goes home. After going home, he gives the fruits to his wife. Like this lot of time goes by.

Once, the wife of the crocodile says - "Hey dear, from where do you bring sweet fruits every day?" The crocodile says - "On the banks of the sea, there is a tree. In the tree, lives my friend monkey. He gives fruits from the tree everyday". The she-crocodile says - "Your friend eats sweet fruits every day. Therefore, his heart must be very sweet. You bring the monkey to our home. I wish to eat his heart". The crocodile says - "Dear, do not say like that. That monkey is my dear friend. Killing him is not good. The she-crocodile says - "Your friend must be some she-monkey. Interested in her, you do not wish to kill her. If you have love in me, you certainly bring that monkey here". Hearing the wife's words, the crocodile says okay and goes the banks of the sea.

The monkey asks the crocodile - "O friend, how come there is delay today?" The crocodile says - "Today, the talk happened with my wife. My wife wishes to treat you at home. Therefore, come to my home". The monkey says - "This is good news. But your house is in water. How do I reach there?" The crocodile says - "My home is on an island in the sea. You sit on top of my back. I will carry you". The monkey sits on the back of the crocodile. The crocodile swims in the sea water. After some time, seeing the water all around, the monkey gets frightened. He tells the crocodile to go slow.

The crocodile thinks - "Now, the monkey cannot go anywhere. I will tell him the truth. By that, before dying, he gets time to remember god". The crocodile says - "O friend, my wife wants to eat your sweet heart. Therefore, I am taking you to my home. Now, you pray god". The monkey thinks a little bit and says - "Your wife wishes to eat my heart is a happy news. Why didn't you tell this on the banks of the sea only? My heart is in the cavity of the tree. Take me again near the tree. I will take my heart and come". Hearing the words of the monkey, the crocodile again goes to the banks of the sea. The monkey, at once, climbs the tree. The crocodile says - "Come fast, taking your heart. My wife is waiting at home". The monkey smiles and says - "Hey stupid crocodile, is anybody's heart outside the body? You are ungrateful. Now onwards, never come here". The crocodile thinks - "Now, if I go home without the monkey, the wife will be angry. Somehow, I will obtain the trust of the crocodile". The crocodile says - "O friend, I just joked that my wife wants to eat your heart. She wants to treat you. Come home with me". The monkey says - "O, I will not come. Therefore, go away. Let there never be your sight".

The crocodile, even then, does not go away from there. He prays the monkey again and again. In some time, some water creature comes near the crocodile and says - "Hey crocodile, your wife, not seeing you for a long time, took her life". Hearing that, the crocodile weeks a lot. Now, my wife is dead, accept the friendship again - he requests. The monkey rejects its request. He says - "You thought of killing me by taking me into the water. Therefore, I will never become your friend". Then, some other water-creature comes there and says - "Hey crocodile, for a lot of time, you have been away from your home. Now, some other crocodile lives in your home". Hearing that, the crocodile weeps again. Now, my home is also gone, please accept my friendship - thus prays the crocodile to the monkey. The monkey rejects its request. The monkey says to the crocodile - "You go home. Fight with the other crocodile. This is the right doing for you". The crocodile goes home. He fights with the crocodile and wins. He lives happily in his home.

Message
In troubled times, one should get the work done with patience.

मण्डूककुलनाशः

सर्वनाशे च संजाते प्राणानानपि संशये ।
अपि शत्रुं प्रणम्यापि रक्षेत् प्राणधनानि च ॥

कस्मिंश्चित् कूपे एकः मण्डूकः परिवारेण सह वसति स्म । एकदा केचन दुष्टमण्डूकाः तेन सह विवादं कृतवन्तः । तस्मात् कुपितः मण्डूकः कूपात् निर्गत्य दूरदेशं गतः । सः दुष्टमण्डूकान् मारयितुम् उपायं चिन्तयति । समीपे एकस्मिन् बिले प्रविशन्तं सर्पम् एकं सः पश्यति । सः बिलस्य मुखे स्थित्वा वदति - "हे सर्पराज, बहिः आगच्छतु । अहं मण्डूकः । समीपे कूपे मम वासः । भवतः मैत्रीम् इच्छामि" । सर्पः बिले एव स्थित्वा पृच्छति - "अहो, सर्पः मण्डूकस्य स्वभाववैरी । किमर्थं भवान् मया सह मैत्रीम् इच्छति?" मण्डूकः वदति - "केचन मण्डूकाः मया सह विवादं कृतवन्तः । अतः अहं तेषां मरणम् इच्छामि । भवान् तान् मण्डूकान् भक्षयतु" । सर्पः चिन्तयति - "अहम् इदानीं वृद्धः । कष्टेन कदाचित् एकं मूषकं प्राप्नोमि । यदि एतेन मण्डूकेन सह कूपं गच्छामि तर्हि सुलभतया आहारं प्राप्नोमि" । इति सर्पः बिलात् बहिः आगत्य मण्डूकेन सह कूपं गच्छति ।

मण्डूकः वदति - "हे सर्पराज, ये मण्डूकाः मया सह विवादं कृतवन्तः तान् दर्शयामि । केवलं तान् एव भक्षयतु । । अन्यान् मा भक्षयतु" । इति सः मण्डूकः दुष्टमण्डूकान् दर्शयति । सर्पः तान् मण्डूकान् भक्षयति । किञ्चित् कालानन्तरं सर्पः वदति - "मम बुभुक्षा अस्ति । किञ्चित् आहारं ददातु" । मण्डूकः वदति - "भवतः मित्रकार्यं समाप्तम् । अतः भवतः गृहं गच्छतु" सर्पः वदति - "मम बिले कोऽपि अन्यः वसति इदानीम् । अतः अहम् अत्र एव वसामि । मम किञ्चित् आहारं ददातु । अन्यथा अन्यान् मण्डूकान् अपि भक्षयामि" । मण्डूकः अन्यम् एकं मण्डूकं दर्शयति । सर्पः तं मण्डूकं भक्षयति । एवं सः सर्पः प्रतिदिनम् एकैकं मण्डूकं भक्षयति । सर्वान् मण्डूकान् भक्षयित्वा मित्रमण्डूकं पुनः वदति - "आहारं ददातु। अन्यथा भवन्तम् एव भक्षयामि" । मण्डूकः वदति - "समीपे अन्यः कूपः अस्ति । तत्र बहवः मण्डूकाः सन्ति । तान् सर्वान् अत्र आनयामि" सर्पः वदति - "अस्तु । भवान् शीघ्रं गत्वा अन्यमण्डूकान् अत्र आनयतु । अहं प्रतीक्षां करोमि" । मण्डूकः ततः निर्गत्य दूरं गच्छति । सः पुनः कूपं न प्रतिगच्छति ।

नीतिः
शत्रुणा शत्रोः निर्मूलनं कुर्यात् ।

Destruction of Frog's Family

When everything is about to be lost, then one should save oneself even by bowing down to the enemy.

In a well, there lived a frog. Once, some evil frogs quarreled with him. Angered by that, the frog came out of the well and went to a distant place. He thinks of an idea to kill the evil frogs. He sees a serpent entering a nearby hole. He stands near the entrance of the hole and says - "Hey serpent king, come out. I am a frog. Nearby well is my dwelling. I desire your friendship". The serpent, staying in the hole only says - "Oh, serpent is frog's natural enemy. Why do you desire friendship with me?" The frog says - "Some frogs quarreled with me. Therefore, I wish their death. You eat those frogs". The serpent thinks - "I am old now. By difficulty, I get a mouse. If I go to the well with this frog, then I get the food easily". Thus, the serpent comes out of the hole and goes to the well with the frog.

The frog says - "Hey serpent king, I will show you the frogs that quarreled with me. Eat them only. Do not eat the others". Thus, the frog shows him the evil frogs. The serpent eats those frogs. After some time, the serpent says - "I have hunger. Give me some food". The frog says - "Your work of friendship is over. Therefore, go to your home". The serpent says - "Some other lives in my hole now. Therefore, I will live here only. Give me some food. Otherwise, I will eat the other frogs also". The frog shows another frog. The serpent eats that frog. Like this, the serpent everyday eats one frog. After eating all the frogs, he tells his frog friend again - "Give me food. Otherwise, I will eat you only". The frog says - "There is another well nearby. There, there are many frogs. I will bring all of them here". The serpent says - "Okay. You go quickly and bring the other frogs here. I will wait". The frog leaves from there and goes away. He does not return to that well.

Message
An enemy should be eliminated using another enemy.

वञ्चितः गर्दभः

न स्वल्पस्य कृते भूरि नाशयेन्मतिमान्नरः ।
एतदेव हि पाण्डित्यं यत् स्वल्पाद्भूरिरक्षणम् ॥

कस्मिंश्चित् वने एकः सिंहः वसति स्म । एकः श्रृगालः तस्य अनुचरः । एकदा केनचित् मत्तगजेन सह सिंहस्य युद्धम् अभवत् । युद्धे सिंहस्य शरीरे क्षतिः अभवत् । तेन दुर्बलः सिंहः धावनादिक्रियां कर्तुं न शक्नोति । सः श्रृगालं वदति - "श्रृगाल, अहं दुर्बलः बुभुक्षितः अपि । भवान् कञ्चन मृगं मम समीपे आनयतु यतः अहं सुलभतया मारयितुं शक्नोमि" ।

श्रृगालः वनात् बहिः ग्रामप्रदेशं गच्छति । तत्र शुष्कतृणं खादन्तं कृशशरीरम् एकं गर्दभं पश्यति । श्रृगालः वदति - "हे गर्दभ, भवतः एतादृशं कृशशरीरं कथम्?" गर्दभः वदति - "मम स्वामी मया बहु कार्यं कारयति। परन्तु सः सम्यक् भोजनं न ददाति"। श्रृगालः वदति - "समीपे वने सुन्दरतृणप्रदेशः अस्ति । भवान् तत्र आगत्य बहु भोजनं कर्तुं शक्नोति । मया सह आगच्छतु" । गर्दभः उत्तमभोजनस्य लोभेन श्रृगालेन सह वनं गच्छति । सिंहः दूरेण गर्दभं दृष्ट्वा तं मारयितुम् उत्तिष्ठति । गर्दभः सिंहं दृष्ट्वा वेगेन पलायनं करोति । श्रृगालः सिंहं वदति - "भवान् एकं गर्दभम् अपि मारयितुं न शक्नोति । कथं महागजं मारयितुं शक्नोति?" सिंहः वदति - "यदा गर्दभः आगतवान् मम सिद्धता न आसीत् । इदानीं भवान् कञ्चित् अन्यमृगम् आनयतु । अहं सिद्धः भवामि" । श्रृगालः वदति - "अहं तम् एव गर्दभं पुनः आनयामि । भवान् सिद्धः भवतु" । सिंहः वदति - "मां दृष्ट्वा इदानीम् एव गर्दभः पलायनं कृतवान् । कथं सः पुनः आगच्छति?" श्रृगालः वदति - "चिन्ता मास्तु । तत् मम कार्यम्" ।

इति उक्त्वा श्रृगालः पुनः गर्दभस्य समीपं गत्वा वदति - "हे गर्दभ, कृपया वनं पुनः आगच्छतु । इदानीं भवतः भयं नास्ति" । गर्दभः वदति - "भोः, सिंहः मां मारयितुम् इच्छति । अहं न आगच्छामि" । श्रृगालः वदति - "वने एका गर्दभी भवतः प्रतीक्षां करोति । भवता सह विवाहं कर्तुम् इच्छति । मया सह आगच्छतु" । गर्दभः विमोहितः श्रृगालेन सह वनं गच्छति । वने सिंहस्य प्रहारेण सः मृत्युं प्राप्नोति । तदा सिंहस्य स्नानकालः भवति । मम आगमनपर्यन्तं गर्दभशरीरस्य रक्षणं करोतु इति श्रृगालम् उक्त्वा सिंहः नदीं गच्छति । तस्मिन् समये श्रृगालः गर्दभस्य कर्णौ हृदयं च खादति । सिंहः स्नानं समाप्य आगच्छति । गर्दभस्य कर्णौ हृदयं च न पश्यति । कुपितः सः श्रृगालं पृच्छति । श्रृगालः गर्दभस्य शरीरे पूर्वम् एव कर्णः हृदयं न आसीत् इति वदति । सिंहः श्रृगालस्य वचने विश्वासं कृत्वा सन्तोषेण गर्दभमांसं खादति ।

नीतिः
अपायं दृष्ट्वा अपि यः न पश्यति सः नश्यति ।

The Tricked Donkey

For something insignificant, one should not lose something big. This is the wise thing to do, saving the big by giving up a small thing.

In some forest, lived a lion. A fox was his follower. Once, a fight of the lion happened with a rogue elephant. In the fight, wound happened in the lion's body. By that, the weak lion cannot do running and such things. He says to the fox - "Fox, I am weak and also hungry. You bring some animal near me, by which I can kill it easily".

The fox goes out of the forest to a village area. There he sees a feeble-bodied donkey eating dry grass. The fox says - "Hey donkey, how is it that you have such a feeble body?" The donkey says - "My master makes me to do a lot of work. But he does not give me proper food". The fox says - "In the nearby forest, there is a nice grass area. You can come there and eat lot of food. Come with me". The donkey, desirous of good food, goes to the forest with the fox. The lion seeing the donkey from a distance, gets up to kill it. The donkey, seeing the lion, runs away fast from there. The fox says to the lion - "You cannot even kill a donkey. How can you kill a big elephant?" The lion says - "When the donkey came, I was not ready. Now, you bring some other animal. I will get ready". The fox says - "I will bring the same donkey again. You get ready". The lion says - "Seeing me, just now the donkey ran way. How does he come again?" The fox says - "Let there be no worry. That is my job".

Thus saying, the fox again goes near the donkey and says - "Hey donkey, please come to the forest again. Now, there is no fear for you". The donkey says - "O, the lion wants to kill me. I will not come". The fox says - "In the forest, a female donkey waits for you. She wants to marry you. Come with me". The donkey, enamored, goes to the forest with the fox. In the forest, by the hit of the lion, he attains death. Then it was lion's bath time. The lion tells the fox to protect the donkey's body until it comes back and goes to the river. At that time, the fox eats donkey's ear and heart. The lion finishes the bath and comes back. It does not see the donkey's ear and heart. Angrily, he asks the fox. The fox says there was no ear or heart before only in the body of the donkey. The lion, believing the words of the fox, happily eats the donkey's meat.

Message
Even after seeing the danger, one who ignores it, will meet his end.

शस्त्रचालकः कुम्भकारः

जानन्नपि नरो दैवात्प्रकरोति विगर्हितम् ।
कर्म किं कस्यचिल्लोके गर्हितं रोचते कथम् ॥

कस्मिंश्चित् नगरे एकः कुम्भकारः वसति स्म । तस्य कार्यप्रकोष्ठे इतस्ततः घटखण्डाः पतिताः आसन् ।
एकदा कुम्भकारः वेगेन धावन् कार्यप्रकोष्ठं प्रविशति । सः अधः पतति । तदा कस्यचित् घटस्य खण्डः
कुम्भकारस्य ललाटप्रदेशे उत्पतति । घटखण्डस्य प्रहारेण ललाटप्रदेशः रक्तमयः भवति । किञ्चित्
कालानन्तरं रक्तस्रवणं स्थगितं भवति । परन्तु कुम्भकारस्य ललाटे यत्र छेदः जातः तस्य चिह्नं तथैव
तिष्ठति ।

एकदा कुम्भकारस्य नगरे दुर्भिक्षः भवति । सः कैश्चन राजसेवकैः सह राजधानीं गच्छति । तत्र
राजसेवककार्यं करोति । महाराजः एषः कुम्भकारः इति न जानाति । सः कुम्भकारस्य ललाटे चिह्नं दृष्ट्वा
चिन्तयति - "एषः सेवकः महान् पराक्रामी स्यात् । अस्य ललाटे कस्मिंश्चित् युद्धे शस्त्रप्रहारेण कृतं चिह्नम्
अस्ति" । एवं चिन्तयित्वा महाराजः कुम्भकारं बहु आदरेण पश्यति स्म । एकदा शस्त्रविद्याप्रदर्शनसमये
महाराजः कुम्भकारं पृच्छति - "हे वीर, भवतः नाम किम्? कुतः आगतः? कस्मिन् युद्धे भवतः ललाटे
शस्त्रचिह्नं निर्मितम्?" कुम्भकारः वदति - "महाराज, मम ललाटचिह्नं युद्धे न प्राप्तम् । अहं कुम्भकारः । मम
प्रकोष्ठे धावनसमये घटखण्डेन निर्मितं चिह्नम् एतत्" । महाराजः वदति - "हे कुम्भकार, शस्त्रचालनं भवतः
न योग्यम् । भवान् स्वनगरं गत्वा कुम्भकारवृत्तिं करोतु" । कुम्भकारः वदति - "महाराज, अहं शस्त्रचालनं
कर्तुं शक्नोमि । पश्यतु मम चातुर्यम्" । महाराजः वदति - "कुम्भकार, मास्तु तत् । शस्त्रचालने
दीर्घाभ्यासः आवश्यकः । भवान् कुम्भकार्ये प्रवीणः । अतः भवान् अतः गच्छतु" । कुम्भकारः ततः
स्वनगरं गच्छति ।

नीतिः
दम्भात् यः सत्यं वदति सः स्वार्थात् भ्रष्टः भवति ।

The Weapon-wielding Potter

People, forced by their destiny, do despicable work. Otherwise, who in the world would like to do despicable work?

In some city, lived a potter. In his work room, pieces of pots had fallen here and there. Once, the potter, running fast, enters the work room. He falls down. Then some piece of a pot jumps into the forehead area of the potter. By the hit of the piece of the pot, the forehead becomes full of blood. After some time, the blood flow stops. But on the forehead of the potter, where the crack happened, its mark remains as its.

Once, in the city of the potter, draught happens. He goes to the capital city with some royal servants. There here works as a royal servant. The king does not know this is a potter. He sees the mark on the forehead of the potter and thinks - "This servant must be a great valiant. On his forehead, there is a mark done by a weapon in some battle". Thinking thus, the king was treating the potter with great respect. Once, at the time of a weapon-skills show, the king asks the potter - "Hey valiant, what is your name? Where are you from? In which war, on your forehead, the mark of a weapon was done?" The potter says - "King, the mark on my forehead was not obtained in a war. I am a potter. In my room, while running, this mark was done by a piece of a pot". The king says - "Hey potter, weapon-wielding is not proper for you. You go to your city and do the job of a potter". The potter says - "King, I can do the weapon-wielding. See my skill". The king says - "Potter, let it not be. For weapon-wielding lot of practice is needed. You are expert in pottery. Therefore, you go from here". The potter goes to his city from there.

Message
A hypocrite who tells the truth, does not attain his goals.

सिंहभ्राता श्रृगालः

अकृत्यं नैव कर्तव्यं प्राणत्यागेपि संस्थिते ।
न च कृत्यं परित्यज्य धर्म एष सनातनः ॥

कस्मिंश्चित् वने एकः सिंहकुटुम्बः वसति स्म । कुटुम्बे एकः सिंहः, एका सिंही, सिंहशिशुद्वयं च आसन् । सिंहः प्रतिदिनं वनं गत्वा कञ्चित् मृगं हत्वा आनयति । कुटुम्बेन सह आहारं भक्षयति । एकदा सिंहः बहुकालं वने अटति । तथापि कम् अपि मृगं न प्राप्नोति । सायंकाले सः एकं श्रृगालशिशुं प्राप्नोति । शिशुः इति सिंहः तं न मारयति । श्रृगालशिशुं यत्नेन दन्तैः गृहीत्वा स्वगृहम् आनयति । सिंहः सिंहीं वदति - "एषः श्रृगालशिशुः । अहं तं न खादामि । भवती एव एतं मारयित्वा कुटुम्बेन सह खादतु" । सिंही वदति - "एषः शिशुः । कथम् अहं शिशुं खादामि? अस्य पालनं करोमि" । इति उक्त्वा सिंही स्वशिशुः इव श्रृगालशिशोः अपि पालनं करोति ।

कानिचन दिनानि अतीतानि । एकदा श्रृगालशिशुः सिंहशिशुद्वयेन सह वने खेलति स्म । तदा तत्र एकः महागजः आगच्छति । गजं दृष्ट्वा एकः सिंहशिशुः गजस्य उपरि आक्रमणं कर्तुं धावति । तत् दृष्ट्वा श्रृगालशिशुः वदति - "अहो, एषः गजः । अस्माकं स्वभाववैरी । अतः तस्य समीपे मा गच्छतु" । श्रृगालशिशोः वचनं श्रुत्वा सिंहशिशोः अपि उत्साहभङ्गः भवति । सर्वे गृहं प्रतिगच्छन्ति ।

गृहे सिंहशिशुः श्रृगालशिशोः हास्यं करोति - "एषः भ्राता गजं दृष्ट्वा भयात् पलायनं कृतवान्" । ततः कुपितः श्रृगालशिशुः सिंहीं प्रति वदति - "भ्राता मम हास्यं करोति । एतत् न उचितम्" । सिंही श्रृगालशिशुं वदति - "भोः, सत्यविषयम् एकं कथयामि । श्रृणोतु । भवान् श्रृगालस्य शिशुः । अस्माकं सिंहकुटुम्बे पालितः । एषः सिंहशिशुः भवन्तं भ्राता इति चिन्तयति । यदा भवान् एकः श्रृगालः इति ज्ञानं भवति तदा भवन्तं मारयति । अतः भवान् कुत्रचित् दूरदेशं गच्छतु । श्रृगालैः सह वसतु । तदेव भवतः कृते क्षेमकरम्" । तत् श्रुत्वा श्रृगालशिशुः ततः निर्गत्य अन्यदेशं गच्छति ।

नीतिः
स्वोचितकर्म कुर्यात् ।

The Fox - Brother of Lions

One should not do something improper, even in the face of death. The correct way is to do the proper thing.

In a forest, lived a family of lions. In the family, a lion, a lioness and two baby lions were there. Every day, the lion goes to the forest, kills some animal and brings it. It eats the food with the family. Once, the lion wanders in the forest for a long time. Even then, it does not get any animal. In the evening, it gets one baby fox. It does not kill him because it was a baby. It brings the baby fox holding it by the teeth with great care. The lion says to the lioness - "This is a baby fox. I will not eat it. You only kill him and eat him with the family". The lioness says - "This is baby. How will I eat a baby? I will tend to him". Saying thus, the lioness took care of the baby fox just like her own baby.

Few days went by. Once, the baby fox was playing with the lion cubs. Then a huge elephant comes there. Seeing the elephant, the lion cubs run to attack the elephant. Seeing that the baby fox says - "Oh, this is elephant. Our natural enemy. Therefore, do not go near him". Hearing the words of the baby fox, the lion cubs also lose their enthusiasm. All go back home.

At home, the lion cub ridicules the baby fox - "This brother seeing the elephant, was afraid and ran away". Angered by that, the baby fox says in front of the lioness - "The brother ridicules me. This is not proper". The lioness says to the baby fox - "Hey, I will tell a truth. Listen. You are a baby of a fox. You were looked after in our lion family. These lion cubs think you are a brother. When they know that you are a fox, then they will kill you. Therefore, you go to dome faraway place. Live with the foxes. That is safe for you". Hearing that, the baby fox goes away to a different place from there.

Message
Do a work that is suitable for you.

दुष्टा ब्राह्मणी

उत्तमं प्रणिपातेन शूरं भेदेन योजयेत् ।
नीचमल्पप्रदानेन समशक्तिं पराक्रमैः ॥

कस्मिंश्चित् नगरे एकः ब्राह्मणः वसति स्म । तस्य पत्न्यां बहु प्रीतिः । परन्तु तस्य पत्नी कुटुम्बजनैः सह बहु कलहं करोति स्म । अतः सः कुटुम्बं त्यक्त्वा पत्न्या सह दूरनगरं प्रति गच्छति । मार्गे एकं वनम् अस्ति । पत्नी वदति - "पिपासा भवति । किञ्चित् जलम् आनयतु" । ब्राह्मणः किञ्चित् दूरं गत्वा जलाशयात् जलम् आनयति । तदा पत्नीं मृतां पश्यति । सः बहु विलापं करोति । तदा सः एकं देववाणीं शृणोति - "हे ब्राह्मण, यदि भवतः जीवितस्य अर्धं दानं करोति तर्हि तेन भवतः पत्नी पुनः जीविता भवति" । ब्राह्मणः वदति - "पत्नी एषा मम बहु प्रिया । अहं मम जीवितस्य अर्धं दानं करोमि" । तदा पत्नी जीविता भवति । सः पत्न्या सह ततः अग्रे गच्छति ।

मार्गे कस्यचित् नगरस्य समीपं सः आगच्छति । नगरस्य बहिः एका पुष्पवाटिका अस्ति । ब्राह्मणः पत्नीं वदति - "भवती अत्र पुष्पवाटिकायां तिष्ठतु । अहं नगरं गत्वा किञ्चित् खाद्यम् आनयामि" । इति उक्त्वा सः नगरं प्रति गच्छति । अत्र पुष्पवाटिकायां कश्चित् पङ्गुः आगच्छति । पङ्गुं दृष्ट्वा पत्नी तस्मिन् अनुरक्ता भवति । ब्राह्मणः नगरात् खाद्यं गृहीत्वा आगच्छति । सः पत्न्यै किञ्चित् खाद्यं ददाति । पत्नी वदति - "एषः पङ्गुः बुभुक्षितः । अस्मै अपि किञ्चित् खाद्यं ददातु" । ब्राह्मणः तस्मै अपि खाद्यं ददाति । पत्नी वदति - "हे प्रियपति, यदा भवान् कार्यार्थं गृहात् बहिः गच्छति तदा मया सह वार्तालापं कर्तुं कोऽपि आवश्यकः । अतः एतं पङ्गुं भवान् पृष्ठे नयतु" । ब्राह्मणः वदति - "प्रिये, अहं दुर्बलः । कथं पङ्गुं मम पृष्ठे नयामि?" पत्नी वदति - "अस्तु । अहम् एव मम पृष्ठवस्त्रे एतं पङ्गुं नयामि" । इति सा पङ्गुं नयति ।

ते किञ्चित् दूरं गच्छन्ति । मार्गे जलपानार्थं ते एकस्य कूपस्य समीपे उपविशन्ति । तदा ब्राह्मपत्नी पतिं कूपे पातयति । सा पङ्गुं वस्त्रे गृहीत्वा अग्रे गच्छति । सा राजनगरं प्राप्नोति । तत्र राजभटाः कस्यचित् चोरस्य अन्वेषणकार्ये निरताः सन्ति । ते राजभटाः ब्राह्मणपत्न्याः वस्त्रे पङ्गुं पश्यन्ति । ते ब्राह्मणपत्नीं तथा पङ्गुं महाराजस्य सम्मुखं नयन्ति । ब्राह्मणपत्नी महाराजस्य पुरतः विलापं कृत्वा वदति - "एषः पङ्गुः मम पतिः । दारिद्र्यकारणात् अहं गृहं त्यक्त्वा अत्र पत्या सह आगता" । तस्य वचनेन महाराजः कृपया तस्यै बहु धनं ददाति । तत्र कश्चित् महानुभावः कूपे पतितं ब्राह्मणं पश्यति । ब्राह्मणं कूपात् बहिः निष्कासयति । ब्राह्मणः राजनगरम् आगच्छति । यदा ब्राह्मणपत्नी महाराजस्य समीपे आसीत् तदा एव ब्राह्मणः अपि तत्र आगच्छति । ब्राह्मणपत्नी तं दृष्ट्वा वदति - "एषः ब्राह्मणः मम पङ्गुपतेः वैरी । मम पतिं मारयितुम् इच्छति। अतः हे महाराज, अस्य ब्राह्मणाय मरणदण्डं ददातु" । महाराजः तस्याः वचने विश्वासं कृत्वा ब्राह्मणाय मरणदण्डं ददाति । तदा ब्राह्मणः वदति - "महाराज, मम एका निवेदना अस्ति । मम किञ्चित् वस्तु अस्याः समीपे अस्ति । मरणात् पूर्वम् अहं तत् वस्तु पुनः प्राप्तुम् इच्छामि" । महाराजः ब्राह्मणस्य वस्तु तस्मै प्रतिदातुं ब्राह्मणपत्नीं वदति । ब्राह्मणपत्नी देवताप्रार्थनां - "हे मम देवताः, यत् किञ्चित् अस्य वस्तु मम

समीपे अस्ति तत् एतस्य समीपं गच्छतु" । तत्क्षणम् एव ब्राह्मणस्य अर्धजीवितं पत्न्याः सकाशात् निर्गत्य पुनः ब्राह्मणशरीरं प्रविशति। ब्राह्मणपत्नी मरणं प्राप्नोति । तत् दृष्ट्वा महाराजः किम् एतत् सर्वम् इति पृच्छति। ब्राह्मणः महाराजं सर्ववृत्तान्तं कथयति ।

नीतिः
अन्धप्रीतिं न कुर्यात् ।

Brahmana's Wicked Wife

Better one should be won by showing respect, brave one should be won by trick, lower one should be won by giving something little, one with similar strength should be won by valor.

In some city, lived a brahmana. He loved his wife a lot. But his wife used to quarrel a lot with the family members. Therefore, he, leaving the family, goes towards a faraway city. On the way, there is a forest. The wife says - "I feel thirst. Bring some water". The brahmana goes a little distance and brings water from a pond. Then he sees the wife dead. He cries a lot. Then he hears a god-voice - "Hey brahmana, if you donate half of your life, then by that, your wife will live again". The brahmana says - "This wife of mine is very dear to me. I will donate half of my life". Then the wife comes to life. He goes forward from there.

On the way, he comes near a city. Outside the city, there is a flower garden. The brahmana says to his wife - "You stay here in the flower garden. I will go to the city and bring some food". Saying thus, he goes towards the city. Here, in the flower garden, some crippled person comes. Seeing the cripple, the wife gets interested in him. The brahmana comes from the city holding the food. He gives some food to the wife. The wife says - "This cripple is hungry. Give some food to him also". The brahmana gives food to him also. The wife says - "Hey dear husband, when you go away from home on work, then someone is needed to do talking with me. Therefore, carry this cripple on your back". The brahmana says - "Dear, I am weak. How do I carry the cripple on my back?" The wife says - "Okay. I will only carry this cripple in my back cloth". Thus, she carries the cripple.

They go a little distance. On the way, to drink water, they sit near a well. Then the brahmana's wife fells the brahmana into the well. Carrying the cripple in the cloth, she goes forward. She gets to the capital city. There, the king's servants are busy in the job of looking for some thief. Those king's servants see the cripple in the cloth of the brahmana's wife. They take the brahmana's wife and the cripple in front of the king. The brahmana's wife cries in front of the king and says - "This cripple is my husband. Because of poverty, I left home and came here with my husband". By her words, the king, having mercy, gives her a lot of money. When the brahmana's wife was near the king, then only the brahmana also comes there. The brahmana's wife, seeing him, says - "This brahmana is my cripple husband's enemy. He wants to kill my husband. Therefore, hey king, give the death punishment to this brahmana". The king, trusting her words, gives the death sentence to the brahmana. Then the brahmana says - "King, I have a request. A thing of mine is with her. Before the death, I would like to get that thing back". The king asks the brahmana's wife to return the brahmana's thing to him. The brahmana's wife prays to the gods - "Hey my gods, whatever the thing of him is with me, let it go to him". At that moment, the half-life of the brahmana comes out of the wife and enters into the brahmana's body. The brahmana's wife attains the death. Seeing that, the king asks what all this is. The brahmana tells all the happening to the king.

Message
Blind love is not good.

पत्नीसेवा

अकृत्य पौरुषं या श्रीः किं तयापि सुभोग्यया ।
जरद्गवः समश्नाति दैवादुपगतं तृणम् ॥

कस्मिंश्चित् नगरे नन्दः नाम राजा आसीत् । तस्य वररुचिः नाम सचिवः आसीत् । एकदा केनचित् कलहेन वररुचेः भार्या कुपिता अभवत् । वररुचिः अनेकमृदुवचनैः भार्यां प्रसादयितुं प्रयत्नं करोति । तथापि सा प्रसन्ना न भवति । वररुचिः तां पृच्छति - "किं करणेन भवती प्रसन्ना भवति?" सा वदति - "भवान् शिरोमुण्डनं कृत्वा मम चरणे पततु । तदा अहं प्रसन्ना भवामि" । वररुचिः तथैव करोति । तस्मिन् रात्रौ एव महाराजस्य भार्या अपि कुपिता भवति । महाराजः भार्यां पृच्छति - "किं करणेन भवती प्रसन्ना भवति?" तस्य भार्या वदति - "भवान् मुखे अश्वरज्जुं गृह्णातु । अहं भवतः पृष्ठे उपविश्य भवन्तं अश्वः इव धावयामि। तदा भवान् अश्वः इव शब्दं करोतु" । महाराजः तथैव करोति ।

प्रातःकाले वररुचिः महाराजस्य भवनं गच्छति । महाराजः तं दृष्ट्वा पृच्छति - "कस्मिन् उत्सवे भवतः शिरोमुण्डनम् अभवत्?" वररुचिः वदति - "मम शिरोमुण्डनं तस्मिन् एव उत्सवे अभवत् यस्मिन् उत्सवे कश्चित् मनुष्यः अश्वस्य शब्दं कृतवान्" ।

नीतिः
अतिव्यामोहः न उचितः ।

Serving the Wife

What use is of the wealth that is gotten without effort. An old cow also eats the grass obtained without effort.

In some city, there was a king named Nanda. His minister was by the name Vararuchi. Once, by some quarrel, Vararuchi's wife becomes angry. Vararuchi tries to please the wife by many gentle words. Even then, she does not become pleased. Vararuchi asks her - "By doing what, will you become pleased?" She says - "You censure your head and fall at my foot. The I will be pleased". Vararuchi does the same. That night only, the king's wife also becomes angry. The king asks the wife - "By doing what, will you become pleased?" His wife says - "You hold a horse's rope in your mouth. I will sit on your back and make you to run as a horse. Then you make sound like a horse". The king does the same.

In the morning, Vararuchi goes to the king's palace. The king sees him and asks - "During what occasion, your head was censured?" Vararuchi says - "My head was censured during the same occasion, when some man made the sound of a horse".

Message
Too much infatuation is not good.

व्याघ्ररूपी गर्दभः

आत्मनो मुखदोषेण बध्यन्ते शुकसारिकाः ।
बकास्तत्र न बध्यन्ते मौनं सर्वार्थसाधनम् ॥

कस्मिंश्चित् ग्रामे एकः रजकः आसीत् । तस्य समीपे एकः गर्दभः आसीत् । भोजनस्य अभावात् गर्दभः
दुर्बलः अभवत् । एकदा सः रजकः वने मृतव्याघ्रं पश्यति । तत् दृष्ट्वा सः चिन्तयति - "अहो मम भाग्यम्।
एतस्य मृतव्याघ्रस्य चर्मणा गर्दभम् आच्छादयामि । अनन्तरं गर्दभः ग्रामे क्षेत्राणि गत्वा उत्तमधान्यं भक्षयितुं
शक्नोति । क्षेत्रपालाः एतं व्याघ्रम् इति मत्वा क्षेत्रात् न निष्कासयन्ति" । इति सः रजकः गर्दभं व्याघ्रचर्मणा
आच्छादयित्वा क्षेत्रेषु मुञ्चति । गर्दभः प्रतिदिनं धान्यानि भक्षयित्वा उत्तमशरीरं प्राप्नोति । क्षेत्रपालाः गर्दभं
व्याघ्रम् इति मत्वा दूरम् एव तिष्ठन्ति । एकदा काचित् गर्दभी दूरेण शब्दं करोति । तं शब्दं श्रुत्वा हृष्टः
गर्दभः अपि उच्चैः शब्दं करोति । क्षेत्रपालाः गर्दभस्य शब्दं शृण्वन्ति । एषः सामान्यगर्दभः एव इति ज्ञात्वा
दण्डैः तं प्रहरन्ति । सः गर्दभः ततः पलायनं करोति ।

नीतिः
वृथाभाषणं न कुर्यात् ।

The Tiger-skinned Donkey

By mistake of talking, the parrots get trapped. But the cranes do not get trapped.
Silence is better than noise.

In some village there was a washer man. With him, there was a donkey. Because
of scarcity of food, the donkey became weak. Once, the washer man sees a dead
donkey in forest. Seeing that, he thinks - "Oh, my fortune! I will cover the
donkey with the skin of this dead tiger. After that, the donkey can go to the fields
in the village and eat good grains. The field guards think that this donkey is a
tiger and do not remove the donkey from the field". Thus, the washer man covers
the donkey with the tiger skin and releases it into the field. The donkey eats the
grains every day and gets good body. The field guards think the donkey as a tiger
and stay away only. Once, some female donkey makes sound from a distance.
Hearing that sound, the donkey excited, also makes loud sound. The field guards
hear the donkey's sound. Knowing that this is a common donkey, beat it with
sticks. The donkey runs away from there.
Message
One should not do unnecessary talk.

स्त्रीः श्रृगाली च

माता यस्य गृहे नास्ति भार्या च प्रियवादिनी ।
अरण्यं तेन गन्तव्यं यथारण्यं तथा गृहम् ॥

कस्मिंश्चित् ग्रामे एकः वृद्धकृषिकः वसति स्म । सः बहु धनिकः आसीत् । तस्य पत्नी अन्यपुरुषे आसक्ता । अन्यपुरुषः धने आसक्तः । सः एकदा कृषिकपत्नीं वदति - "भवती गृहतः सर्वं धनम् आनयतु । मया सह अन्यत् नगरं गत्वा सुखेन वसतु" । कृषिकपत्नी अन्यपुरुषे मोहिता तथैव करोमि इति वदति । रात्रौ कृषिकस्य निद्रासमये सा सर्वं धनं वस्त्रे गृहीत्वा अन्यपुरुषस्य समीपं गच्छति । सः पुरुषः कृषिकपत्न्या सह अन्यनगरं प्रति गच्छति । किञ्चित् दूरे मार्गे एका नदी भवति । पुरुषः चिन्तयति - "अनया कृषिकपत्न्या मम किम् अपि प्रयोजनं नास्ति । एतां वञ्चयित्वा धनम् अपहरामि" ।

सः कृषिकपत्नीं वदति - "एषा नदी बहु विशाला । अस्याः तरणं न सुलभम् । अतः भवती धनवस्त्रं मह्यं ददातु । अहं धनवस्त्रेण सह तरणं करोमि । धनं अन्यस्मिन् तीरे स्थापयामि । अनन्तरं पुनः आगत्य भवतीं मम पृष्ठस्य उपरि नयामि" । कृषिकपत्नी तस्य वचने विश्वासं कृत्वा धनवस्त्रं तस्मै ददाति । सः पुरुषः धनवस्त्रं गृहीत्वा नद्याः अन्यतीरं प्राप्नोति । ततः सः पलायनं करोति । तत् दृष्ट्वा कृषिकपत्नी मूकविस्मिता भवति । सा नदीतीरे एव शिलाखण्डस्य उपरि उपविशति ।

किञ्चित् कालानन्तरं तत्र एका श्रृगाली आगच्छति । तस्य मुखे आहारार्थं कस्यचित् मृगस्य मांसखण्डः भवति । तस्मिन् समये एव कश्चित् मत्स्यः नदीजलात् किञ्चित् बहिः आगच्छति । श्रृगाली मांसखण्डं नदीतीरे स्थापयित्वा मत्स्यं ग्रहीतुं धावति । तदा एकः श्येनपक्षी मांसखण्डम् अपहरति । मत्स्यः श्रृगालीं दृष्ट्वा झटिति पुनः जलं प्रविशति । श्रृगाली मत्स्यं न प्राप्नोति । मांसखण्डम् अपि न प्राप्नोति । तत् दृष्ट्वा कृषिकपत्नी हसति । तदा श्रृगाली हसन्ती वदति - "मां दृष्ट्वा भवती उपहासं करोति । परन्तु भवत्याः अपि समाना स्थितिः । इदानीं भवत्याः पतिः नष्टः । धनेन सह अन्यपुरुषः अपि नष्टः" ।

नीतिः
अधिकविश्वासः न उचितः ।

Lady and the Fox

One who has no mother or a loving wife at his home, should go to forest. Because his home is like a forest.

In some village, lived an old farmer. He was very rich. His wife was interested in another person. The other person was interested in money. He, once, said to the farmer's wife - "You bring all the money from your house. Go with me to a different city and live happily". The farmer's wife, interested in the other person, says I will do like that only. In the night, during the farmer's sleep, she takes all the money in a cloth and goes near the other person. The other person goes towards the other city. After some distance, on the road, there is a river. The man thinks - "There is no use for me of this farmer's wife. I will deceive her and steal the money".

He says to the farmer's wife - "This river is very wide. Swimming through it is not easy. Therefore, you give the cloth with the money. I will swim with the money in the cloth. I will put the money on the other bank. After that, I will come again and carry you on my back". The farmer's wife, trusting his words, gives him the cloth with the money. That man takes the cloth with the money, gets to the other side of the river. From there, he runs away. Seeing that, the farmer's wife becomes awestruck. She sits on a rock on the river bank only.

After some time, there comes a female fox. In its mouth, there is a piece of meat of some animal. At that time only, some fish comes a little out of the river water. The fox keeps the piece of meat on the banks of the river and runs to catch the fish. Then, an eagle takes away the piece of meat. The fish, seeing the fox, at once goes enters the water. The fox does not get the fish. It also does not get the piece of meat. Seeing that, the farmer's wife laughs. Then the fox, laughingly says - "You joke at me. But your state is also the same. Now, your husband is lost. With the money, the other person is also lost".

Message
Extreme trust is not good.

घण्टायुता उष्ट्री

यः पृष्ट्वा कुरुते कार्यं प्रष्टव्यान् स्वहितान् गुरून् ।
न तस्य जायते विघ्नः कस्मिंश्चिदपि कर्मणि ॥

कस्मिंश्चित् नगरे एकः रथकारः आसीत् । बहु परिश्रमं कुर्वाणस्य तस्य धनार्जनम् अल्पम् आसीत् । तस्य मित्राणि बान्धवाः च सर्वे बहु धनिकाः आसन् । अतः दुःखितः सः एकदा वनं गच्छति । वने एकः मार्गभ्रष्टा दुर्बला उष्ट्री आसीत् । रथकारः उष्ट्रीं गृहम् आनयति । उष्ट्र्याः कण्ठे घण्टां योजयति । उष्ट्र्याः पालनं करोति । किञ्चित् कालानन्तरम् उष्ट्री सबला भवति । रथकारः उष्ट्रदुग्धस्य विक्रयणं कृत्वा बहु धनं प्राप्नोति । रथकारवृत्तिं त्यक्त्वा उष्ट्रदुग्धविक्रयणस्य एव वृत्तिं कर्तुं सः चिन्तयति । दूरदेशात् सः अनेकाः उष्ट्र्याः आनयति । एवम् उष्ट्रदुग्धविक्रयणं कृत्वा सः बहु धनवान् भवति ।

प्रतिदिनम् उष्ट्रगणः तृणादिभक्षणार्थं वनं गच्छति । वने सस्यानि तृणानि च भक्षयित्वा पुनः गृहम् आगच्छति। घण्टायुता उष्ट्री मदेन शनैः शनैः गणस्य पृष्ठतः चलति । अन्याः उष्ट्र्यः तां घण्टायुताम् उष्ट्रीं शनैः मा चलतु इति बहुवारं वदन्ति । परन्तु सा तेषां वचनं न श्रृणोति एव । एकदा उष्ट्रगणस्य वनात् प्रत्यागमनसमये घण्टायुता उष्ट्री शनैः चलन्ती सस्यानि खादन्ती मार्गभ्रष्टा भवति । गृहं गन्तुं मार्गं न पश्यति । वने इतस्ततः घण्टानादं कुर्वती अटति । तं घण्टानादम् एकः सिंहः श्रृणोति । सिंहः तत्र आगच्छति । उष्ट्रीं दृष्ट्वा सिंहः तां मारयति ।

नीतिः
हितवादिनां वचनं श्रृणोतु ।

Camel with the Bell

One who does work after asking the well-wishers and elders, there won't be any trouble in his work.

In some city, there was a mechanic. He did very hard work but had very little earnings. His all friends and relatives were very rich. Very unhappy, he once goes to a forest. In the forest, there was a female camel which had lost its way. The mechanic brings the camel home. He ties a bell in its neck. He looks after the camel. After some time, the camel becomes strong. Selling the milk of the camel, the mechanic earns a lot of money. He thinks to abandon the job of mechanic and do only the job of selling the camel's milk. From distant land, he brings many female camels. Like this, by selling the camel milk, he becomes very rich.

Every day, the herd of camels go to the forest to eat the grass etc. After eating the grass in the forest, it comes back home. The camel with the bell, arrogantly, walks behind the herd. Many camels many times tell the camel with the bell not to walk slowly. But it does not listen. Once, at returning time of the camel herd from the forest, the camel with the bell, walking slowly, eating plants, veers away from the path. It does not see the path to home. In the forest it wanders here and there, making the bell sound. A lion hears that bell sound. The lion comes there. Seeing the camel, the lion kills it.

Message
Listen to your well-wishers.

श्रृगालस्य कूटनीतिः

उपदेशप्रदातॄणां नराणां हितमिच्छताम् ।
परस्मिन्निह लोके च व्यसनं नोपपद्यते ॥

कस्मिंश्चित् वने एकः श्रृगालः वसति स्म । सः एकदा वने चरन् एकं मृतं गजं पश्यति । विशालं गजशरीरं दृष्ट्वा श्रृगालः हृष्टः भवति । परन्तु गजचर्म कठिनं भवति । महता प्रयत्नेन अपि श्रृगालः गजशरीरे छेदनं कर्तुं न शक्नोति । तदा तस्मिन् मार्गे एकः सिंहः आगच्छति । श्रृगालः चिन्तयति - "सिंहः गजं खादयति चेत् अहं किमपि भोजनं न प्राप्नोमि । अस्य निवारणं कथं करणीयम्?" श्रृगालः एकम् उपायं चिन्तयति । सः विनयं दर्शयन् सिंहं वदति - "हे मृगराज, अहं भवतः कृते अस्य मृतगजस्य रक्षणं कुर्वाणः अत्र उपविष्टः । भवान् कृपया गजशरीरं भक्षयतु" । सिंहः वदति - "हे श्रृगाल, अहं सिंहः । अन्यैः हतान् मृगान् कदापि न भक्षयामि । स्वयं मृगान् हत्वा एव भक्षयामि । अतः भवान् एव गजशरीरं भक्षयतु" । इति उक्त्वा सिंहः ततः निर्गच्छति ।

किञ्चित् कालानन्तरं तत्र एकः व्याघ्रः आगच्छति । श्रृगालः वदति - "हे व्याघ्र, एषः गजः सिंहेन हतः । इदानीं सिंहः स्नानार्थं नदीं गतवान् । यदि भवान् गजशरीरं भक्षयति तर्हि सिंहः कुपितः भवति । अतः भवान् शीघ्रं अतः निर्गच्छतु" । व्याघ्रः श्रृगालस्य वचनं श्रुत्वा ततः निर्गच्छति ।

किञ्चित् कालानन्तरं तत्र एकः चित्रकः आगच्छति । श्रृगालः अनेन चित्रकेण गजशरीरस्य छेदनं कथं कारयामि इति चिन्तयति । श्रृगालः वदति - "हे चित्रक, एषः गजः सिंहेन हतः । इदानीं सिंहः स्नानार्थं नदीं गतवान् । भवान् तस्य आगमनात् पूर्वं गजशरीरं भक्षयतु" । चित्रकः वदति - "हे श्रृगाल, तत् न योग्यम् । अहम् इदं शरीरं भक्षयामि चेत् सिंहः मयि कुपितः भवति" । श्रृगालः वदति - "चिन्ता मास्तु । सिंहः आगच्छति चेत् अहं तं दूरेण दृष्ट्वा भवन्तं सूचयामि । भवान् निश्चिन्तः गजशरीरं भक्षयतु" । तत् श्रुत्वा चित्रकः गजशरीरे छेदनं कृत्वा किञ्चित् मांसं भक्षयति । तदा श्रृगालः वदति - "अहो चित्रक, स्नानं समाप्य आगन्तं सिंहं पश्यामि । भवान् शीघ्रम् अतः निर्गच्छतु" । तत् श्रुत्वा चित्रकः ततः पलायनं करोति ।

श्रृगालः मांसं किञ्चित् भक्षयति । तदा अन्यः एकः श्रृगालः तत्र आगच्छति । समानैः सह पराक्रमः दर्शनीयः इति श्रृगालः चिन्तयति । सः अन्यश्रृगालेन सह युद्धं कृत्वा तं मारयति । अनन्तरं सर्वं मांसं आनन्देन भक्षयति ।

नीतिः
शत्रुं दृष्ट्वा उचितनीतिं योजयेत् ।

Smart Strategy of the Fox

One who gives advice wishing well for others, will not meet misfortune.

In some forest, there lived a fox. He once, while walking in the forest, saw a dead elephant. Seeing the huge body of the elephant, the fox becomes excited. But the elephant skin is hard. Even after trying hard, the fox cannot make a cut in the elephant's body. Then, on that road, a lion comes. The fox thinks - "If the lion eats the elephant, then I won't get any food. How do I get rid of him?" The fox thins of an idea. Showing humbleness, he says to the lion - "Hey animal king, I for your sake, am sitting here guarding this dead elephant. You please eat the elephant's body". The lion says - "Hey fox, I am a lion. I will never eat animals killed by others. I kill the animals myself and then eat. Therefore, you only eat the elephant body". Saying thus, the lion goes away from there.

After some time, there comes a tiger. The fox says - "Hey tiger, this elephant was killed by a lion. Now, the lion has gone to the river for bathing. If you eat the elephant's body, then the lion will become angry. Therefore, you go away quickly from here". The tiger, hearing the fox's words, goes away from there.

After some time, there comes a cheetah. The fox thinks how I would make cheetah to make the cut in the elephant. The fox says - "Hey cheetah, this elephant is killed by a lion. Now, the lion has gone to the river for bathing. Before his return, you eat the elephant's body". The cheetah says - "Hey fox, that is not right. If I eat this body now, the lion gets angry at me". The fox says - "Let there be no worry. If the lion comes, I will see him from a distance and will inform you. Without worrying, you eat the elephant's body". Hearing that the cheetah, makes a cut in the elephant's body and eats some meat. Then the fox says - "O cheetah, I am seeing the lion coming finishing the bath. You quickly go away from here". Hearing that, the cheetah runs away from there.

The fox eats some meat. Then there comes another fox. The fox thinks with equals, one should show the valor. He fights with the other fox and kills it. Then he eats all the meat happily.

Message
Depending on the enemy, a suitable strategy should be used.

विदेशगतः शुनकः

वनेऽपि सिंहा मृगमांसभक्ष्या बुभुक्षिता नैव तृणं चरन्ति ।
एवं कुलीना व्यसनाभिभूता न नीतिमार्गं परिलङ्घयन्ति ॥

कस्मिंश्चित् नगरे एकः शुनकः आसीत् । सः नगरे सुखेन वसति स्म । कदाचित् तस्मिन् नगरे दुर्भिक्षः भवति । सर्वत्र आहारस्य अभावः भवति । शुनकः तस्मात् नगरात् निर्गत्य विदेशे स्थितम् एकं नगरं गच्छति । तत्र यदा गृहिण्यः स्वकार्येषु निरताः तदा शुनकः तेषां गृहाणि प्रविशति । किञ्चित् भक्ष्यं गृहीत्वा बहिः आगच्छति । एवं शुनकः प्रतिदिनं करोति । परन्तु प्रतिदिनं यदा सः गृहात् बहिः आगच्छति तदा अन्ये शुनकाः तेन सह युद्धं कुर्वन्ति । तस्य भक्ष्यम् अपहरन्ति । तस्य शरीरे दशनं कुर्वन्ति । एषः शुनकः चिन्तयति - "दुर्भिक्षः अपि भवतु, तथापि स्वदेशः एव उत्तमः । तत्र कोऽपि मया सह युद्धं न करोति । तत्र सुखेन वसामि" । इति सः स्वनगरं प्रतिगच्छति ।

नीतिः
विदेशः सुभिक्षः अपि स्वदेशः उत्तमः ।

The Dog That Went to Another City

Lions in a forest, hungry to eat animals, never eat the grass. Like that, great people do not abandon the principles even in the face of disaster.

In some city, there was a dog. He was living happily in the city. Some time, the draught happened in the city. Everywhere, there is a shortage of food. The dog, getting out of that city, goes to a city in a different area. There, when the housewives are busy in their work, then the dog enters their houses. Taking some food, comes out. Like this, the dog does daily. But every day when he comes out of a house, then other dogs fight with him. They take away his food. They make bites in his body. This dog thinks - "Let there be draught, even then own country is good. There, nobody fights with me. There I live happily". Thus, he goes back to his city.

Message
Even though, a foreign country is plentiful, motherland is always better.

पञ्चमं तन्त्रम्

अपरीक्षितकारकम्

मुख्यकथा

रत्नलोभी ब्राह्मणः

मन्त्रे तीर्थे द्विजे देवे दैवज्ञे भेषजे गुरौ ।
यादृशी भावना यस्य सिद्धिर्भवति तादृशी ॥

कस्मिंश्चित् नगरे चत्वारः ब्राह्मणमित्राणि वसन्ति स्म । ते दरिद्राः आसन् । कुत्रचित् दूरदेशं गत्वा धनार्जनं करिष्यामः इति चिन्तयन्ति । ते स्वनगरात् प्रस्थानं कुर्वन्ति । मार्गे तेषां मेलनं केनचित् मुनिना सह भवति । तस्य नाम भैरवानन्दः । भैरवानन्देन सह ते ब्राह्मणाः तस्य आलयं गच्छन्ति । भैरवानन्दः ब्राह्मणान् पृच्छति - "भवन्तः कुतः आगताः? कुत्र गमनं भवति?" ब्राह्मणाः वदन्ति - "वयं दरिद्राः । धनापेक्षया दूरदेशं प्रस्थिताः । भवान् सिद्धमुनिः । धनप्राप्त्यर्थं कञ्चित् उपायं सूचयतु" । भैरवानन्दः बहु चिन्तयित्वा एकैकं ब्राह्मणाय एकं दीपं ददाति । सः वदति - "भवन्तः हिमालयस्य मार्गे हस्ते दीपान् गृहीत्वा गच्छन्तु । मार्गे यत्र यत्र दीपशमनं भवति तत्र तत्र भूमौ धनं प्राप्नुवन्ति" ।

ते चत्वारः ब्राह्मणाः हस्तेषु दीपान् गृहीत्वा हिमालयपर्वतस्य मार्गे प्रस्थानं कुर्वन्ति । किञ्चित् दूरं गत्वा प्रथमब्राह्मणस्य दीपशमनं भवति । सः तत्र भूमौ खननं कृत्वा पश्यति । सः ताम्रनाणकानि प्राप्नोति । सः वदति - "हे मित्राणि, एतानि ताम्रनाणकानि स्वीकुर्वन्तु" । अन्ये वदन्ति - "हे मूढ, ताम्रनाणकानि किमपि प्रयोजनाय न भवन्ति । तैः दारिद्र्यं न अपगच्छति । अतः अग्रे गच्छामः" । सः वदति - "भवन्तः अग्रे गच्छन्तु । अहं न आगमिष्यामि" इति उक्त्वा सः ताम्रनाणकानि गृहीत्वा गृहं गच्छति । अन्ये त्रयः ब्राह्मणाः अग्रे गच्छन्ति ।

किञ्चित् दूरं गत्वा द्वितीयब्राह्मणस्य दीपशमनं भवति । सः तत्र भूमौ खननं कृत्वा पश्यति । सः रौप्यनाणकानि प्राप्नोति । सः वदति - "भोः, एतानि रौप्यनाणकानि गृहीत्वा गृहं प्रतिगच्छामः" । अन्यः वदति - "भोः, रौप्यनाणकानि किमपि प्रयोजनाय न भवन्ति । तैः दारिद्र्यं न अपगच्छति । अतः अग्रे गच्छामः" । सः वदति - "अहं न आगमिष्यामि" इति उक्त्वा सः रौप्यनाणकानि गृहीत्वा गृहं गच्छति । ब्राह्मणद्वयम् अग्रे गच्छति ।

किञ्चित् दूरं गत्वा तृतीयब्राह्मणस्य दीपशमनं भवति । सः तत्र भूमौ खननं कृत्वा पश्यति । सः सुवर्णनाणकानि प्राप्नोति । सः वदति - "हे मित्र, एतानि सुवर्णनाणकानि स्वीकरोतु" । अन्यः वदति - "हे

मूढ, सुवर्णात् रत्नम् उत्तमम् । अग्रे रत्नं भवति । रत्नेन दारिद्र्यं शीघ्रम् अपगच्छति । अतः अग्रे मया सह आगच्छतु" । तृतीयः ब्राह्मणः वदति - "भवान् अग्रे गच्छतु । अहं न आगमिष्यामि । अहम् अत्र एव स्थित्वा भवतः पुनरागमनस्य प्रतीक्षां करोमि" । इति उक्त्वा सः तत्र एव तिष्ठति । अन्यः ब्राह्मणः अग्रे गच्छति ।

चतुर्थः ब्राह्मणः किञ्चित् दूरं गच्छति । तस्य जलदाहः भवति । सः तत्र एकं रक्तसिक्तं पुरुषं पश्यति । तस्य पुरुषस्य मस्तके भ्रमत् चक्रम् आसीत् । ब्राह्मणः तं पुरुषं पृच्छति - "भवान् कः? मस्तके चक्रं किमर्थम्? अत्र समीपे जलम् अस्ति किम्?" तदा तत् चक्रं पुरुषस्य मस्तकात् निर्गत्य ब्राह्मणस्य मस्तके आगच्छति । ब्राह्मणः वदति - "हे पुरुष, एतेन चक्रेण मम मस्तके बहु वेदना भवति । कदा चक्रस्य निवारणं भवति?" पुरुषः वदति - "यदा कश्चित् अन्यः पुरुषः दीपं गृहीत्वा अत्र आगत्य भवता सह संभाषणं करोति तदा भवतः मस्तकात् तस्य मस्तके चक्रं गच्छति" । ब्राह्मणः पृच्छति - "भवान् कियान् कालः एवं चक्रं मस्तके धृत्वा स्थितवान्?" पुरुषः वदति - "अहं रामायणकालतः अत्र चक्रं मस्तके धृत्वा स्थितवान्" । इति उक्त्वा सः परुषः ततः निर्गच्छति । चक्रस्य पीडया ब्राह्मणस्य शरीरं रक्तसिक्तम् भवति ।

किञ्चित् कालानन्तरं तृतीयः ब्राह्मणः मित्रस्य अन्वेषणं कुर्वन् तस्मिन् मार्गे आगच्छति । सः रक्तसिक्तं मित्रं पश्यति । तस्य मस्तके भ्रमत् चक्रं पश्यति । सः पृच्छति - "किम् एतत् सर्वम्?" चक्रधरब्राह्मणः सर्वं वृत्तान्तं कथयति । तृतीयः ब्राह्मणः वदति - "भोः, अहं भवन्तम् अग्रे मा गच्छतु इति उक्तवान् । परन्तु भवान् मम वचनं न श्रुतवान् । भवान् विद्यावान् तथापि बुद्धिहीनः इव आचरणं कृतवान् । चक्रधरब्राह्मणः वदति - "मित्र, मम विषये भवतः वचनम् अकारणम् । वस्तुतः विद्यावन्तः जनाः अपि दैवबलं नास्ति चेत् यशः न प्राप्नुवन्ति । तृतीयः ब्राह्मणः वदति - "यशः प्राप्तुं दैवबलम् आवश्यकम् । तथापि मित्राणां वचनं हितकारकं भवति" । चक्रधरब्राह्मणः वदति - "सत्यम् । अहम् अनुचितकार्यं कृतवान्" । तृतीयः ब्राह्मणः वदति - "अस्तु । इदानीम् अहं गृहं गच्छामि" । चक्रधरब्राह्मणः वदति - "अहं भवतः मित्रम् । आपत्काले मित्रं न त्यजेत् । मां त्यक्त्वा कुत्र गच्छति?" तृतीयः ब्राह्मणः वदति - "भवतः समीपे स्थित्वा किमपि प्रयोजनं नास्ति । भवतः चक्रं निवारयितुं कोऽपि न शक्नोति । किञ्चित् कालानन्तरं चक्रात् भवतः वेदना अधिकं भवति । मम अपि अपायः भवितुम् अर्हति । अतः अहं गृहं गच्छामि । भवान् अत्र एव स्थित्वा भवतः लोभस्य फलम् अनुभवतु" । चक्रधरब्राह्मणः वदति - "मम विषये भवतः निन्दावचनं न उचितम् । पुरुषः दैवयोगेन दुःखं प्राप्नोति" । तृतीयः ब्राह्मणः वदति - "तत् सत्यम् । तथापि सज्जनान् पृष्ट्वा कार्यं करणीयम् । यः केवलं दैवबले एव विश्वासं कृत्वा बुद्धियुक्तकार्यं न करोति सः विनाशं गच्छति" । चक्रधरब्राह्मणः वदति - "भवान् सत्यं वदति । अस्तु । भवान् गृहं गच्छतु" । तृतीयः ब्राह्मणः ततः गृहं गच्छति ।

नीतिः

परिणामविषये सम्यक् विचार्य सज्जनवचनं परिशील्य कार्ये प्रवृत्तिः भवति चेत् यशःप्राप्तिः भवति ।

The Fifth Strategy

Risk of Hasty Actions

The Anchor Story

The Brahmana Greedy of Diamond

On would get results as per their belief in a mantra, or in a holy place, or in a god, or in a brahmana, or in a doctor or in a teacher.

In some city, there were four brahmana friends. They were poor. They thought they would go to some distant place and earn money. They all start from their city. On the way, their meeting happens with an ascetic. His name was Bhairavananda, With Bhairavananda, those brahmanas go to his dwelling. Bhairavananda asks the brahmanas - "From where did you come? Where will you go?" The brahmanas say - "We are poor. With desire for food, we have left for a distant place. You are an ascetic with power. To get money, suggest some idea". Bhairavananda thinks a lot and gives a lamp to each brahmana. He says - "You all go in the direction of Himalaya holding the lamps. On the way, wherever the lamps become extinguished, there you will obtain the money in the ground.

Those four brahmanas, holding the lamps in the hands, leave in the direction of Himalaya mountain. After going some distance, first brahmana's lamp goes off. He digs the ground there and sees. There he obtains copper coins. He says - "Hey friends, take these copper coins". The others say - "Hey stupid, the copper coins are of no use. By them, poverty does not go away. Therefore, we will go further". He says - "You all go forward. I will not come". Saying this, taking the copper coins, he goes home. The other three brahmanas go forward.

After going a little more distance, the second brahmana's lamp goes off. He digs the ground there and sees. There he obtains silver coins. He says - "O, we will take these silver coins and go home". Another says - "O, the silver coins are of no use. By them, poverty does not go away. Therefore, we will go further". He says - "I will not come". Saying this, taking the silver coins, he goes home. The other two brahmanas go forward.

After going a little more distance, the third brahmana's light goes off. There he digs the ground and sees. There he gets gold coins. He says - "Hey friend, take these gold coins". The other says - "Hey stupid, diamond is superior to gold. Further, there will be diamond. By diamond, the poverty goes away quickly. Therefore, come with me further". The third brahmana says - "You go further. I will not come. I will stay here only and wait for your return". Saying this, he stays there only. The other brahmana goes further.

The fourth brahmana goes a little further. He gets thirsty. He sees a man smeared with blood. On the head of that man, there was a spinning wheel. The brahmana asks that man - "Who are you? Why is the wheel on your head? Is there water nearby?" Then that wheel leaves the head of that man and comes to the head of the brahmana. The brahmana says - "Hey man, because of this wheel, lot of pain is happening to me. When will this wheel go away?" The man says - "When some other man comes here carrying a lamp and speaks with you, then the wheel goes to his head from your head". The brahmana asks - "For how much time, you were standing here carrying the wheel on your head?" The man says - "I stood here carrying the wheel on my head since the time of Ramayana".

After some time, the third brahmana, searching for his friend, comes on that way. He sees the spinning wheel on his head. He asks - "What is all this?" The brahmana carrying the wheel narrates all the story. The third brahmana says - "I told you not to go further. But you did not listen to my words. You are educated, even then you behaved like a person without intellect. The brahmana carrying the wheel says - "Friend, your saying about me is without reason. In fact, educated people also do not attain success if there is no god's favor (luck)". The third brahmana says - "To obtain success, god's favor is necessary. Even then friends' words are in your interest. The brahmana carrying the wheel says - "True. I did the improper thing. The third brahmana says - "Okay. Now I will go home. The brahmana carrying the wheel says - "I am your friend. In troubled times, one should not abandon a friend. Abandoning me, where will you go?" The third brahmana says - "Staying with you is of no use. Nobody can take away your wheel. After some time, your pain from the wheel will increase. Danger might happen to me also. Therefore, I will go home. You stay here only and suffer the fruits of your greed". The brahmana carrying the wheel says - "In my case, your words of blame are not proper. A man gets sorrow because of fate". The third brahmana says - "That is true. Even then one should ask wise people and then do a job. One who believes only in fate and does not do work with wisdom will attain destruction". The brahmana carrying the wheel says - "You say the truth. Okay. You go home". The third brahmana goes home from there.

Message

One attains success in life if he thinks of the effects properly and examine the advice of wise people, and then gets into work.

लोभी नापितः

शीलं शौचं क्षान्तिर्दाक्षिण्यं मधुरता कुले जन्म ।
न विराजन्ति हि सर्वे वित्तविहीनस्य पुरुषस्य ॥

पाटलिपुत्रं नाम नगरम् आसीत् । तत्र मणिभद्रः नाम धनिकः वसति स्म । विधिवशात् सः दरिद्रः अभवत्। धनहीनः बन्धुजनैः अपमानितः सः बहु दुःखितः अभवत् । चिन्ताग्रस्तः सः निद्रां गतवान् । तस्य स्वप्ने एकः जैनमुनिः आगत्य वदति - "हे मणिभद्र, चिन्ता मास्तु । अहं प्रातः भिक्षार्थं भवतः गृहम् आगमिष्यामि । तदा भवान् मां शिरसि दण्डेन ताडयतु । तदा मम शरीरं सुवर्णमयं भविष्यति । तेन भवान् पुनः धनवान् भविष्यति" । स्वप्नात् उत्थितः मणिभद्रः बहु विस्मितः भवति । प्रातः जैनमुनिः मणिभद्रस्य गृहम् आगच्छति । मणिभद्रः तस्य शिरसि दण्डेन ताडयति । मुनिशरीरं सुवर्णमयं भूत्वा भूमौ पतति । तस्मिन् समये एव मणिभद्रस्य गृहं कश्चित् नापितः आगच्छति । नापितः एतत् सर्वं पश्यति ।

नापितः स्वगृहं गत्वा चिन्तयति - "अहो, अहम् अपि एवम् एव कृत्वा सुवर्णं प्राप्नोमि" । सः जिनालयं गच्छति । तत्र सर्वान् मुनीन् नमति । नापितः प्रधानमुनिं वदति - "भोः मुनिवर, अद्य भिक्षार्थं भवान् सर्वैः मुनिभिः सह मम गृहम् आगच्छतु" । प्रधानमुनिः वदति - "वयं जिनाः । आह्वानेन भिक्षां न स्वीकुर्मः । अस्माकं भ्रमणकाले यः भक्तिं दर्शयति तस्य गृहे भिक्षां स्वीकुर्मः । अतः भवान् निर्गच्छतु" । नापितः वदति - "अहं गृहे धर्मपुस्तकानाम् आच्छादनार्थं वस्त्राणि संगृहीतवान् । पुस्तकलेखनाय बहु धनं संगृहीतवान् । तत् सर्वं भिक्षाकाले अर्पयितुम् इच्छामि" । इति उक्त्वा सः ततः निर्गतः ।

मध्याह्नसमये जैनमुनयः सर्वे भिक्षार्थं निर्गच्छन्ति । मार्गे ते नापितस्य गृहस्य समीपम् आगच्छन्ति । नापितः भिक्षां मम गृहे स्वीकुर्वन्तु इति प्रार्थयति । वस्त्रधनलोभेन ते मुनयः नापितस्य गृहं गच्छन्ति । यदा सर्वे मुनयः गृहे प्रविशन्ति तदा नापितः द्वारं पिदधाति । सः दण्डेन सर्वान् शिरसि ताडयति । दण्डप्रहारेण मुनयः उच्चैः आक्रन्दनं कुर्वन्ति । तम् आक्रन्दनशब्दं नगररक्षकाः श्रृण्वन्ति । ते नापितस्य गृहम् आगत्य रक्तसिक्तमुनिजनान् पश्यन्ति । नगररक्षकाः नापितं गृहीत्वा तं राजभवनं नयन्ति । किमर्थं भवान् मुनिजनान् ताडितवान् इति महाराजः पृच्छति । नापितः वदति - "धनिकः मणिभद्रः एकं मुनिं मारयित्वा सुवर्णं प्राप्तवान् । अतः अहम् अपि सुवर्णं प्राप्तुम् एतत् कार्यं कृतवान्" । महाराजः मणिभद्रम् आहूय पृच्छति - "किं भवान् मुनिं मारितवान्?" मणिभद्रः स्वप्नवृत्तान्तं सर्वं कथयति । महाराजः नापितं दण्डयति ।

नीतिः
सम्यक् परीक्षणं कृत्वा कार्यं कर्तव्यम् ।

The Greedy Barber

Moral conduct, cleanliness, patience, politeness, pleasantness and birth in a good family - all these have no value for a person who has no money.

There was city called Pataliputra. There lived a rich person by the name Manibhadra. By fate, he became poor. Moneyless, insulted by his relatives, he became very grieved. Gripped by the worry, he went to sleep. In his dream, one Jain ascetic comes and says - "Hey Manibhadra, let there be no worry. In the morning, I will come to your house for alms. Then you hit me in the head with a stick. Then my body will become golden. By that, you will become rich again". Got up from the dream, Manibhadra becomes very bewildered. In the morning, the Jain ascetic comes to Manibharda's house. Manibhadra hits in his head with a stick. The ascetic's body turns golden and falls on the floor. At that time only, a barber comes to Manibhadra's house. The barber sees all this.

The barber goes home and thinks - "Oh, I will also do the same thing and obtain gold". He goes to the place where the Jain ascetics lived. There he bows to all the ascetics. The barber says to the chief ascetic - "O great sage, today, with all the ascetics, you come to my house for the alms". The chief ascetic says - "We are Jains. We do not accept the alms by invitation. During our walking, we accept the alms in the house of who shows devotion. Therefore, you go away". The barber says - "I have collected cloths to cover the religious books. To write the books, I have collected lot of money. I would like to give all that during the alms". Saying thus, he went away from there.

In the afternoon, all the Jain ascetics come out for the alms. On the way, they come near the barber's house. The barber prays them to accept the alms in his house. Desiring the cloth and money, those ascetics go to the barber's house. When all the ascetics enter the house, then the barber closes the door. He hits all in the head with a stick. Hit by the stick, the ascetics cry out loudly. The city guards hear that crying sound. They come to the barber's house and see the ascetics smeared with blood. The city guards take the barber and carry him to the palace. The king asks why did you hit the ascetics? The barber says - "The rich Manibhadra got gold by killing an ascetic. Therefore, to obtain the gold, I also did this work". The king calls Manibhadra and asks - "Did you kill and ascetic?" Manibhadra tells him all the story of the dream. The king punishes the barber.

Message

One should examine carefully and then do the work.

शिशुरक्षकः नकुलः

अतिलोभो न कर्तव्यो लोभं नैव परित्यजेत् ।
अतिलोभाभिभूतस्य चक्रं भ्रमति मस्तके ॥

कस्मिंश्चित् ग्रामे एकः ब्राह्मणः वसति स्म । तस्य गृहे नूतनशिशोः जन्म अभवत् । गृहस्य समीपे एकस्य नकुलशिशोः अपि जन्म अभवत् । ब्राह्मणपत्नी नकुलशिशुम् अपि स्वस्य शिशुः इव वात्सल्येन पालनं कृतवती । एकदा ब्राह्मणशिशुः शय्यायां निद्रां करोति स्म । तदा ब्राह्मणपत्नी ब्राह्मणं वदति - "अहं जलम् आनेतुं तडागं गच्छामि । मम आगमनपर्यन्तं शिशोः रक्षणं करोतु" । इति उक्त्वा सा घटं गृहीत्वा गृहात् बहिः गच्छति । किञ्चित् कालानन्तरं ब्राह्मणः अपि भिक्षार्थं बहिः गच्छति ।

गृहे ब्राह्मणशिशोः समीपे केवलं नकुलः एव आसीत् । तदा एकः कृष्णसर्पः तत्र आगच्छति । नकुलः सर्पं पश्यति । सः शिशोः रक्षणार्थं सर्पेण सह युद्धं करोति । युद्धे सर्पं मारयति । नकुलस्य मुखं रक्तसिक्तं भवति । नकुलः आनन्देन स्वकृतं कार्यं दर्शयितुं ब्राह्मणपत्न्याः प्रति धावति । ब्राह्मणपत्नी रक्तसिक्तं नकुलं दृष्ट्वा एषः शिशुं खादितवान् इति चिन्तयति । सा कोपात् नकुलस्य उपरि जलपूरितं घटं क्षिपति । नकुलः मरणं प्राप्नोति । अनन्तरं सा रोदनं कुर्वती गृहम् आगच्छति । गृहे शय्यायां स्मयमानं शिशुं पश्यति । समीपे मृतसर्पं पश्यति । नकुलः शिशोः रक्षणं कृतवान् इति तदा ब्राह्मणपत्नी जानाति । विना कारणं नकुलं मारितवती इत सा बहु रोदनं करोति । ब्राह्मणः गृहम् आगच्छति । ब्राह्मणपत्नी ब्राह्मणं निन्दति - "भवान् भिक्षालोभात् शिशुम् एकम् एव गृहे त्यक्त्वा बहिः गतवान् । तस्य फलं पश्यतु । अस्माकं प्रियनकुलः मृतः" ।

नीतिः
अतित्वरा न करणीया ।

The Mongoose Who Saved the Baby

One should not be too greedy. Also, one should totally abandon greed. If one is too greedy, his wisdom will be lost.

In a village, lived a brahmana. In his house, a new baby was born. Near the house, a mongoose baby was also born. The brahmana's wife looked after the baby mongoose as if it was her own baby. Once, the brahmana's baby was sleeping in the bed. Then the brahmana's wife says to the brahmana - "I am going to the pond to fetch the water. Till my return, take care of the baby". Saying thus, she takes a pot and goes out of the house. After some time, the brahmana also goes out for getting the alms.

At home, near the brahmana's baby only the mongoose was there. Then a cobra comes there. The mongoose sees the serpent. To protect the baby, he fights with the serpent. In the fight, he kills the serpent. The mongoose's face becomes blood-smeared. The mongoose joyfully runs towards the brahmana's wife to show the job done by him. The brahmana's wife, seeing the blood-smeared mongoose, thinks he ate the baby. She, with anger, throws the pot full of water on to the mongoose. The mongoose attains the death. Afterwards, crying, she comes to the house. At home, she sees the baby smiling in the bed. Nearby, she sees the dead serpent. Then the brahmana's wife knows that the mongoose saved the baby. She cries a lot thinking she killed the mongoose for no reason. The brahmana comes home. The brahmana's wife blames the brahmana - "With the greed of the alms, you went out leaving the baby alone at home. Look at its result. Our dear mongoose is dead".

Message
An act in haste is an act in waste.

मूर्खब्राह्मणाः

सत्यं परित्यजति मुञ्चति बन्धुवर्गं शीघ्रं विहाय जननीमपि जन्मभूमिम् ।
संत्यज्य गच्छति विदेशमभीष्टलोकं चिन्ताकुलीकृतमतिः पुरुषोऽत्रलोके ॥

कस्मिंश्चित् ग्रामे चत्वारः ब्राह्मणाः वसन्ति स्म । तेषां त्रयः विविधशास्त्रेषु पण्डिताः परन्तु बुद्धिहीनाः । एकः अपण्डितः परन्तु बुद्धिमान् आसीत् । एकदा ते मिलित्वा चिन्तयन्ति - "विदेशं गत्वा पाण्डित्यप्रदर्शनं कुर्मः। तेन धनार्जनं भवति" । इति ते विदेशं प्रति गच्छन्ति । किञ्चित् दूरं गत्वा प्रथमः ब्राह्मणः वदति - "अस्मासु चतुर्थः विद्याविहीनः । सः धनार्जनं कर्तुं न शक्नोति । अतः सः गृहं प्रतिगच्छतु" । द्वितीयः ब्राह्मणः अपि तथैव वदति । तृतीयः ब्राह्मणः वदति - "वयं बाल्यकालात् मिलित्वा क्रीडितवन्तः । चतुर्थः अपि अस्माभिः सह आगच्छतु । तस्मै अपि किञ्चित् धनं दास्यामः" । इति सर्वे मिलित्वा अग्रे गच्छन्ति ।

मार्गे एकः वनं भवति । वने ते मृतसिंहस्य अस्थीनि पश्यन्ति । प्रथमः ब्राह्मणः वदति - "अहो, अद्य अस्माकं विद्याप्रयोगं कुर्मः । अत्र कस्यचित् मृतमृगस्य अस्थीनि सन्ति । तस्मिन् जीवदानं कुर्मः । अहम् अस्थिसङ्ग्रहं करोमि" । इति सः अस्थिसङ्ग्रहं करोति । द्वितीयः ब्राह्मणः अस्थिपञ्जरे चर्म मांसं च योजयति । तृतीयः वदति - "इदानीम् अहं मन्त्रम् उच्चार्य अस्मिन् जीवप्रदानं करोमि" । तदा चतुर्थः ब्राह्मणः वदति - "भोः, तिष्ठतु । एषः अस्थिपञ्जरः सिंहस्य अस्ति । यदि भवान् जीवप्रदानं करोति तर्हि सिंहः अस्मान् सर्वान् मारयति" । तृतीयः ब्राह्मणः वदति - "भोः मूर्ख, मम विद्याप्रभावं दर्शयामि । अन्यथा किं प्रयोजनम् । तेन एषः सिंहः मृतः अपि जीवितः भवति" । तत् श्रुत्वा चतुर्थः ब्राह्मणः वृक्षम् एकम् आरोहति । तृतीयः ब्राह्मणः मन्त्रम् उच्चारयति । मृतसिंहः जीवितः भवति । त्रीन् ब्राह्मणान् मारयित्वा वनं गच्छति । अनन्तरं चतुर्थः ब्राह्मणः स्वगृहं गच्छति ।

नीतिः
केवलं विद्यया न प्रयोजनम् ।

The Stupid Brahmanas

One who is overly worried, he ignores the facts, abandons his motherland and relatives, and goes to a foreign land.

In some village, lived four brahmanas. Amongst them, three are scholars in various subjects but are not smart. One is not a scholar but smart. Once, they together think - "We will go to a foreign land and show off our talent. By that, will earn money". Thus, they go towards foreign land. After going some distance, the first brahmana says - "Amongst us, the fourth one has no talent. He cannot earn money. Therefore, he should go back home". The second brahmana says the same thing. The third brahmana says - "Since childhood, we played together. Let the fourth also come with us. We will give some money to him also".

On the way, there is a forest. In the forest, they see bones of a dead lion. The first brahmana says - "Oh, today we will use our talent. Here there are bones some dead animal. We will infuse life into it. I will gather the bones". Thus, he gathers the bones. The second brahmana puts skin and flesh onto the skeleton. The third one says - "Now, I will utter a mantra and infuse life into this". Then the fourth brahmana says - "O, wait. This is lion's skeleton. If you infuse life, then the lion will kill us all". The third brahmana says - "O fool, I will show the effect of my talent. Otherwise what is the use? By that, the lion also comes to life". Hearing that, the fourth brahmana climbs a tree. The third friend utters the mantra. The dead lion comes back to life. It kills the three brahmana and goes to the forest. Afterwards, the fourth brahmana goes to his home.

Message
Only by talent, there is no use.

पुस्तकपण्डिताः ब्राह्मणाः

सुबुद्धयोऽपि नश्यन्ति दुष्टदैवेन नाशिताः ।
स्वल्पधीरपि तस्मिंस्तु कुले नन्दति सन्ततम् ॥

कस्मिंश्चित् ग्रामे चत्वारः ब्राह्मणबालकाः वसन्ति स्म । ते दूरदेशं गत्वा विद्याभासं कुर्मः इति चिन्तितवन्तः । ते दूरदेशं गत्वा द्वादशवर्षकालं परिश्रमेण अभ्यासं कृतवन्तः । युवकाः ते गुरुं नमस्कृत्य स्वग्रामं प्रति प्रस्थानं कृतवन्तः । किञ्चित् दूरं गत्वा मार्गद्वयम् पश्यन्ति । केन मार्गेण गन्तव्यम् इति तेषां प्रश्नः भवति । तस्मिन् समये एव नगरे कश्चन पुरुषः मृतः । तस्य अन्त्यसंस्कारार्थं बहवः जनाः एकस्मिन् मार्गे गच्छन्ति स्म। तत् दृष्ट्वा एकः ब्राह्मणः पुस्तकम् उद्घाट्य पठति - "महाजनो येन गतः स पन्थाः" । इति ते सर्वे ब्राह्मणाः तैः जनैः सह श्मशानं गच्छन्ति । श्मशाने एकः गर्दभः स्थितः अस्ति । द्वितीयः ब्राह्मणः पुस्तकं पठति -

उत्सवे व्यसने प्राप्ते दुर्भिक्षे शत्रुसङ्कटे ।
राजद्वारे श्मशाने च यस्तिष्ठति स बान्धवः ॥

अतः गर्दभः स्वबान्धवः इति ते चिन्तयन्ति । एकः गर्दभस्य पादं जलेन क्षालयति । अन्यः गर्दभस्य आलिङ्गनं करोति । तदा ते ब्राह्मणाः तत्र वेगेन गच्छन्तम् एकम् उष्ट्रं पश्यन्ति । तृतीयः ब्राह्मणः पुस्तकं पठति - "धर्मस्य त्वरिता गतिः" । एषः उष्ट्रः नूनं धर्मः अस्ति इति ते चिन्तयन्ति । चतुर्थः ब्राह्मणः पुस्तकं पठति - "इष्टं धर्मेण योजयेत्" । अस्माकम् इष्टं बान्धवः एषः गर्दभः । उष्ट्रः धर्मः । अतः गर्दभम् उष्ट्रस्य कण्ठे योजयन्ति । कश्चन ग्रामजनः एतत् सर्वं वृत्तान्तं गर्दभपालकस्य समीपं गत्वा कथयति । गर्दभपालकः ब्राह्मणान् ताडयितुं तत्र आगच्छति । ब्राह्मणाः ततः पलायनं कुर्वन्ति ।

ब्राह्मणाः किञ्चित् दूरं गच्छन्ति । मार्गे काचित् नदी भवति । नदीजले तरन्तं पत्रं पश्यन्ति । एकः ब्राह्मणः पुस्तकं पठति - "आगमिष्यति यत् पत्रं तत् अस्मान् तारयिष्यति" । इति उक्त्वा सः पत्रस्य उपरि उपविशति। तस्य जले निमज्जनं भवति । सः मरणं प्राप्नोति । अन्ये त्रयः ब्राह्मणाः अग्रे गत्वा कञ्चन ग्रामं प्राप्नुवन्ति ।

ग्रामजनाः ब्राह्मणान् भोजनार्थम् आह्वयन्ति । एकः ब्राह्मणः भोजने सूत्रिकाखाद्यं दृष्ट्वा पुस्तकं पठति - "दीर्घसूत्रो विनश्यति" । इति उक्त्वा सः भोजनं त्यक्त्वा गच्छति । द्वितीयः ब्राह्मणः भोजने मण्डकखाद्यं दृष्ट्वा पुस्तकं पठति - "अतिविस्तारविस्तीर्णं तद्भवेन्न चिरायुषम्" । इति सः भोजनं त्यक्त्वा गच्छति । तृतीयः ब्राह्मणः भोजने वटिकाखाद्यं दृष्ट्वा पुस्तकं पठति - "छिद्रेष्वनर्था बहुलीभवन्ति" । इति उक्त्वा सः अपि भोजनं त्यक्त्वा गच्छति । जनाः ब्राह्मणानां वर्तनं दृष्ट्वा परिहसन्ति । एवं ते त्रयः ब्राह्मणाः भोजनं विना एव स्वग्रामं गच्छन्ति ।

नीतिः

केवलं पुस्तकज्ञानं निरर्थकम् ।

The Bookish Brahmanas

Those who are wise perish because of fate. Amongst those, one who has a little bit patience, attains happiness.

In some village, lived four brahmana children. They thought of going to a distant place and do the study. They go to a distant place and study hard for twelve years. Now being young, they bow to their teacher and start going towards their hometown. After going a little, they see two paths. By which road should we go, becomes their question. At that time only, some man died in the city. For his cremation, many people were going by a road. Seeing that, one brahmana opens a book and reads - "By which great people go, that is the (right) road". Thus, with those people, they all brahmanas go to the cemetery.

In the cemetery, there is a donkey standing. The second brahmana reads a book - "During a celebration, bad times, draught, enemy danger, at the royal gate or in a cemetery, one who is with you is your relative".

Therefore, they think the donkey is their relative. One washes the donkey's foot. The other hugs donkey. Then those brahmanas see a fast-walking camel. The third brahmana reads a book - "Morality goes fast". They think this camel is indeed the morality. The fourth brahmana reads a book - "The liked should be joined with morality". Our liked one is this donkey. The camel is the morality. Therefore, they tie the donkey in the camel's neck. Some villager sees all this, goes near the owner of the donkey and tells him what happened. The donkey's owner comes there to beat the brahmanas. The brahmanas run away from there.

The brahmanas go a little distance. On the way, there is some river. They see a floating leaf in the river water. One brahmana reads a book - "A leaf (boat) that comes, will transport us". Saying thus, he sits on the leaf. He sinks in the water. He attains death. The other three brahmanas go further and reach a village.

The villagers invite the brahmanas for food. One brahmana sees a jalebi (sweet pretzel) and reads a book - "One which has long strands will be destroyed". Saying thus, he abandons the food and goes. The second brahmana sees a big roti (bread) and reads a book - "One which is big is not of long life". Thus, he abandons the food and goes. The third brahmana sees a vada (wheat dumpling with a hole in the middle) and reads a book - "There are many harms in holes". Saying thus, he also abandons the food and goes. The people, seeing the behavior of the brahmanas ridicule them. Thus, those three brahmanas, without food only, go to their village.

Message
Only bookish knowledge is useless.

मन्दमत्स्यौ

सर्पाणां च खलानां च सर्वेषां दुष्टचेतसाम् ।
अभिप्राया न सिध्यन्ति तेनेदं वर्तते जगत् ॥

कस्मिंश्चित् जलाशये अनेके मत्स्याः वसन्ति स्म । एकस्य मत्स्यस्य नाम सहस्रबुद्धिः । अन्यः शतबुद्धिः । तस्मिन् जलाशये निवासार्थम् एकबुद्धिः नाम मण्डूकः आगतवान् । ते त्रयः अपि मित्रभावेन वसन्ति स्म । एकदा केचन धीवराः जलाशयस्य समीपम् आगताः । ते परस्परं भाषणं कुर्वन्ति - "एषः जलाशये मत्स्याः अधिकाः सन्ति । जलम् अपि अल्पम् अस्ति । वयं प्रातः अत्र आगत्य मत्स्यग्रहणं करिष्यामः" । इति उक्त्वा ते निर्गच्छन्ति ।

मण्डूकः वदति - "हे शतबुद्धे, एते धीवराः प्रातःकाले आगमिष्यन्ति । इदानीं वयं किं करिष्यामः?" सहस्रबुद्धिः वदति - "नास्ति चिन्ता । अहं तरणविद्यायां कुशलः । धीवराणां जाले न पतामि । भवतः रक्षणम् अपि करोमि" । शतबुद्धिः वदति - "सहस्रबुद्धेः वचनम् उचितम् । अयं जलाशयः अस्माकं पूर्वजानां स्थानम् । अतः वयम् अत्र एव तिष्ठामः । कुत्रापि न गमिष्यामः" । मण्डूकः वदति - "मम एका एव बुद्धिः अस्ति । अहम् अन्यं जलाशयं गच्छामि" । इति उक्त्वा सः मण्डूकः समीपे अन्यकूपं गच्छति ।

प्रातःकाले धीवराः आगच्छन्ति । जले जालं क्षिपन्ति । बहवः मत्स्याः जाले पतन्ति । सहस्रबुद्धिः अपि जाले पतति । शतबुद्धिः अपि जाले पतति । सर्वे मत्स्याः मरणं प्राप्नुवन्ति । धीवराः मत्स्यान् जाले गृहीत्वा ततः निर्गच्छन्ति ।

नीतिः
विद्यया बुद्धिः वरम् ।

The Lazy Fish

This world exists because wishes of serpents, villains and all wicked people do not come true.

In some pond, lived many fish. Name of one fish was Sahsrabuddhi. Other was Shatabuddhi. To that pond to live, came a frog by the name Ekabuddhi. Those three also lived with friendship. Once, some fishermen came near the pond. They talk amongst themselves - "In this pond, there are many fish. The water is also less. We will come in the morning and catch the fish". Thus saying, they go away.

The frog says - "Hey Shatabuddhi, these fishermen will come in the morning. Now, what should we do?" Sahasrabuddhi says - "No worries. I am expert in swimming. I will not fall in to the fishermen's net. I will also protect you". Shatabuddhi says - "What Sahasrabuddhi says is right. This pond is our ancestor's place. Therefore, we will stay here only. We will not go anywhere". The frog says - "I have only one thought. I will go to another pond". Saying thus, that frog goes to a well nearby.

In the morning, the fishermen come. They throw the net in the water. Many fish fall in the net. Sahasrabuddhi also falls in the net. Shatabuddhi also falls in the net. All fish attain death. The fishermen take the fish in the net and go away from there.

Message
Presence of mind is better than knowledge.

गायकः गर्दभः

न तत्स्वर्गेऽपि सौख्यं स्याद्दिव्यस्पर्शेन शोभने ।
कुस्थानेऽपि भवेत्पुंसां जन्मनो यत्र संभवः ॥

कस्मिंश्चित् ग्रामे एकः गर्दभः वसति स्म । सः दिनसमये भारवहनकार्यं करोति स्म । रात्रौ क्षेत्रेषु गत्वा धान्यानि खादति स्म । एकदा रात्रौ क्षेत्रेषु अटनसमये सः कञ्चित् श्र्गालं पश्यति । गर्दभः श्र्गालेन सह मैत्रीं करोति । प्रतिरात्रौ गर्दभः श्र्गालेन सह किञ्चित् क्षेत्रं गत्वा धान्यानि खादति स्म ।

एकदा रात्रौ क्षेत्रे गर्दभः श्र्गालं वदति - "हे मित्र, पश्यतु । निर्मलरात्रिः अस्ति । अहं गानं कर्तुम् इच्छामि। कस्मिन् रागे गीतं गायामि?" श्र्गालः वदति - "हे मित्र, किमर्थम् एतादृशं कार्यम्? चोरजनाः शब्दं न कुर्वन्ति । अन्यथा क्षेत्रपालाः ताडयन्ति । भवतः ध्वनिः न मधुरम् । भवान् सङ्गीतशास्त्रम् अपि न जानाति" । गर्दभः वदति - "भोः, अहं सङ्गीतशास्त्रं जानामि । भवान् वने वसति इति कारणात् गानस्य माधुर्यं न जानाति" । श्र्गालः वदति - "अस्तु । अहं क्षेत्रद्वारस्य समीपे तिष्ठामि । भवान् गायतु" । गर्दभः गीतं गायति । एकः क्षेत्रपालः धावन् तत्र आगत्य गर्दभं दण्डेन ताडयति । गर्दभः वेदनया भूमौ पतति । क्षेत्रपालः गर्दभस्य कण्ठे एकं महाशिलाखण्डं बद्ध्वा ततः निर्गच्छति । किञ्चित् कालानन्तरं गर्दभः शनैः उत्थाय कण्ठे शिलाखण्डेन सह पलायनं करोति । गर्दभं दूरात् दृष्ट्वा श्र्गालः परिहसन् वदति - "मम वचनं भवान् न श्रुतवान् । गानं कृतवान् । तस्य फलं भवतः कण्ठे शिलारत्नम्" ।

नीतिः
मित्राणां हितवचनं यः न श्र्णोति सः दुःखं प्राप्नोति ।

The Singer Donkey

The happiness that one can get in his place of birth, even if it is not a nice place, cannot be obtained even in heaven with all the amenities.

In some village lived a donkey. During the day time, he did the work of carrying heavy things. In the night, he went to the fields and ate the grains. Once, at night, when he was roaming in the fields, he sees some fox. The donkey makes friendship with the fox. Every night, with the fox, the donkey went to some field and ate the grains.

Once, at night, the donkey says to the fox - "Hey friend, look. There is clear night. I would like to do singing. In which musical note, will I sing?" The fox says - "Hey friend, why do like this? Thieves do not make sound. Otherwise, the field guards beat us. Your voice is not sweet. You do not know the musical science also". The donkey says - "O, I know the musical science. Because you live in a forest, you do know the sweetness of song". The fox says - "Okay, I will stand near the entrance of the field. You sing". The donkey sings. Once field guard comes there running and beats the donkey by a stick. The donkey falls on the ground with pain. The field guard ties a big piece of rock in the donkey's neck and goes away from there. After some time, the donkey gets up slowly and with the rock in the neck, runs away from there. The fox sees the donkey from a distance and jokingly says - "You did not listen to my words. You sang. Its result is the precious rock in your neck".

Message
One who does not listen to good words of friends, attains sorrow.

चतुर्बाहुः कौलिकः

राजा दानपरो नित्यमिह किर्तिमवाप्य च ।
तत्प्रभावात् पुनः स्वर्गे स्पर्धते त्रिदशैः सह ॥

कस्मिंश्चित् नगरे एकः कौलिकः वसति स्म । एकदा वस्त्रनिर्माणसमये तस्य यन्त्रस्य काष्ठानि भग्नानि । सः नूतनकाष्ठानि आनेतुं कुठारं गृहीत्वा वनं गच्छति । वने एकं महावृक्षं पश्यति । अस्य वृक्षस्य कर्तनं कृत्वा बहूनि काष्ठानि प्राप्नोमि इति सः चिन्तयति । सः वृक्षस्य उपरि कुठारेण प्रहारं करोति । तस्मिन् वृक्षे एका देवता वसति । सा देवता वदति - "हे पुरुष, अयं वृक्षः मम गृहम् । अत्र अहं सुखेन वसामि । अस्य कर्तनं मा करोतु" । कौलिकः वदति - "भोः, किम् अहं करोमि? मम कार्यार्थं काष्ठानि आवश्यकानि । भवती एतं वृक्षं त्यक्त्वा अन्यत्र गच्छतु । अहं वृक्षं कर्तयिष्यामि" । देवता वदति - "हे पुरुष, अहं भवतः वचनेन प्रसन्ना । अहं भवते वरं ददामि । यत् इच्छसि तत् प्रार्थयतु । वृक्षकर्तनं मा करोतु" । कौलिकः वदति - "अस्तु । एवं तर्हि अहं गृहं गत्वा मित्रं पत्नीं च पृष्ट्वा आगमिष्यामि । अनन्तरं भवती वरं ददातु" । इति उक्त्वा कौलिकः गृहं प्रति गच्छति ।

कौलिकः गृहस्य समीपे मित्रं पश्यति । सः मित्रं पृच्छति - "मित्र, एका देवता मह्यं वरं दातुम् इच्छति । किं पृच्छामि अहम्? कथयतु" । मित्रं वदति - "एवं तर्हि राज्यं प्रार्थयतु । भवान् राजा भविष्यसि । अहं भवतः मन्त्री भविष्यामि" । कौलिकः गृहं गत्वा पत्नीं वदति - "एका देवता मह्यं वरं दातुम् इच्छति । किं पृच्छामि अहम्? मम मित्रं राज्यं प्रार्थयितुम् उक्तवान्" । पत्नी वदति - "राज्यपालनं बहु कष्टकरम् । अतः राज्यं मा प्रार्थयतु । इदानीं भवतः बाहुद्वयम् अस्ति । तेन भवान् प्रतिदिनम् एकस्य वस्त्रस्य एव निर्माणं करोति । भवान् अन्यबाहुद्वयं द्वितीयं मस्तकं च प्रार्थयतु । तेन भवान् द्वितीययन्त्रे प्रतिदिनम् अन्यवस्त्रस्य निर्माणं कर्तुं शक्नोति । एवम् अधिकधनप्राप्तिः भवति" ।

कौलिकः पत्नीवचनं श्रुत्वा वने वृक्षस्य समीपं गच्छति । अन्यबाहुद्वयं मस्तकं च ददातु इति देवतां प्रार्थयति। देवता तथास्तु इति वदति । कौलिकः चतुर्बाहुयुक्तः मस्तकद्वयेन सह नगरम् आगच्छति । नगरजनाः तं दृष्ट्वा एषः कश्चित् राक्षसः इति चिन्तयन्ति । ते दण्डैः शिलाखण्डैः च कौलिकं ताडयन्ति । कौलिकः मरणं प्राप्नोति ।

नीतिः
यस्य स्वस्य बुद्धिः नास्ति मित्राणां वचनम् अपि न शृणोति सः दुर्गतिं प्राप्नोति ।

The Four-Armed Weaver

A king who donates gets fame in this world. By its effect he again competes with the gods in heaven.

In some city, lived a weaver. Once during the making of clothes, his machine's sticks get broken. To bring the new sticks, he takes an axe and goes to the forest. He sees a big tree in the forest. He thinks I will cut this tree and obtain many sticks. He hits the tree with the axe. In that tree, lives a god. That god says - "Hey man, this tree is my home. I live here happily. Do not cut this". The weaver says - "O, what will I do? For my work, sticks are needed. You leave this tree and go elsewhere". The god says - "Hey man, I am pleased by your words. I will give you a boon. Ask whatever you wish. Do not cut the tree". The weaver says - "Okay. If so, I will go home and ask my friend and wife and come back. After that you give me the boon". Saying thus, the weaver goes toward home.

The weaver sees a friend near home. He asks the friend - "Friend, a god wants to give me a boon. What will I ask? Tell me". The friend says - "If so, then ask for a kingdom. You will become a king. I will become your minister". The weaver goes home and says to wife - "A god wants to give me a boon. What will I ask? My friend said to pray for a kingdom". The wife says - "Looking after a kingdom is very difficult. Therefore, do not pray for a kingdom. Now, you have a pair of arms. With it, every day, you are weaving only one cloth. You pray for another pair of arms and a second head. By that, in the second machine, you will be able to make another cloth. Thus, more money can be earned".

The weaver, hearing the wife's words, goes near the tree in the forest. He prays the god - give another pair of arms and a head. The god say let it be so. The weaver with four arms and two heads comes to the city. The city people seeing him, think he is some demon. They beat the weaver with sticks and rocks. The weaver attains death.

Message
One who does not have own conscience, and doesn't listen to his friends also, attains a bad state.

कृपणः भिक्षुकः

यदैव राज्ये क्रियतेभिषेकस्तदैव याति व्यसनेषु बुद्धिः ।
घटा नृपाणामभिषेककाले सहाम्भसैवापदमुद्गिरन्ति ॥

कस्मिंश्चित् नगरे एकः ब्राह्मणः वसति स्म । सः अतीव कृपणः । सः भिक्षाटनं कृत्वा जीवनं करोति स्म । सः प्रतिदिनं भिक्षान्नं खादित्वा किञ्चित् शेषम् अन्नं घटे स्थापयति । किञ्चित् कालानन्तरं घटः भिक्षान्नेन पूर्णः भवति । चोरभयात् सः तं घटं निद्रासमये पादस्य समीपे एव स्थापयति ।

एकदा सः निद्रासमये चिन्तयति - "एषः घटः इदानीम् अन्नेन पूर्णः अस्ति । यदा दुर्भिक्षः भवति तदा अहम् अन्नस्य विक्रयणं करोमि । तेन धनं प्राप्नोमि । धनं दत्वा अजद्वयं क्रीणामि । तेन किञ्चित् कालानन्तरं बहवः अजाः भवन्ति । अजान् दत्वा गोसमूहं क्रीणामि । गोसमूहं दत्वा अश्वान् क्रीणामि । अश्वान् दत्वा बहु सुवर्णं प्राप्नोमि । सुवर्णं दत्वा बृहत् गृहं क्रीणामि । तत् दृष्ट्वा कश्चित् ब्राह्मणः मम गृहम् आगत्य कन्यां ददाति । अनन्तरं मम पुत्रः भवति । सोमशर्मा इति तस्य अहं नामकरणं करोमि । प्रकोष्ठे पुस्तकं पठन् अहम् आसने उपविशामि । तदा मम शिशुपुत्रः मम समीपं शनैः चलन् आगच्छति । तत् दृष्ट्वा अहं कोपेन वदामि - हे पत्नि, शिशुः मम समीपम् आगतः, तं भवती गृह्णातु । पत्नी गृहकार्ये मग्ना भवति । मम वचनं न शृणोति । तदा अहम् आसनात् उत्थाय तां पादेन ताडयामि" । एवं चिन्तयतः तस्य ब्राह्मणस्य पादचलनं भवति । तेन पदस्य समीपे स्थितः घटः भग्नः भवति । अन्नं सर्वं भूमौ पतति ।

नीतिः
यत् असाध्यं तस्य चिन्ता मा करोतु ।

The Miser Beggar

At the time of coronation only, one's mind gets into evil thoughts. During the coronation sprinkling, the pots pour troubles with water.

In some city, lived a brahmana. He is a big miser. He used to live by begging. Every day, he eats the food obtained by begging and puts some remaining food in a pot. After some time, the pot becomes full with the food obtained by begging. Fearing of thieves, he puts that pot near the foot only during sleep.

Once, during his sleep, he thinks - "This pot is now full of food. When draught happens, then I will sell the food. By that, I will get money. I will give money and buy a couple of goats. By that, after some time, there will be many goats. I will give the goats and by a bunch of cows. Giving the cows, I will buy horses. Giving horses, I will get a lot of gold. Giving gold, I will buy a big house. Seeing that, some brahmana will come to my house and give me a girl. After that, a son will be born to me. I will name him Somasharma. In a room, I will sit in a chair reading a book. Then, my baby boy will come to me walking slowly. Seeing that, I will angrily say - Hey wife, the baby came near me, hold him. The wife will be busy in the house work. She will not listen to my words. Then, I will get up from my chair and kick her with foot". While thinking thus, the brahmana's foot moves. By that, the pot which was close by, breaks. The food all falls on the floor.

Message
Do not think of what is not possible.

वानरस्य वैरम्

कलहान्तानि हर्म्याणि कुवाक्यान्तं च सौहृदम् ।
कुराजान्तानि राष्ट्राणि कुकर्मान्तं यशो नृणाम् ॥

कस्मिंश्चित् नगरे चन्द्रः नाम राजा आसीत् । तस्य बालकपुत्राः वानरैः सह क्रीडन्ति स्म । ते नित्यं वानरान् उत्तमभक्ष्याणि अर्पयन्ति स्म । तस्मिन् राजभवने राजपुत्राणां क्रीडार्थं मेषाः अपि आसन् । तेषु एकः मेषः प्रतिदिनं राजभवनस्य पाकशालां गत्वा विविधभक्ष्याणि खादति । कुपिताः पाचकाः समीपे यत् किञ्चित् वस्तु अस्ति तेन तं मेषं ताडयन्ति । कदाचित् काष्ठेन कदाचित् पात्रेण ताडयन्ति । तत् दृष्ट्वा एकः वृद्धवानरः चिन्तयति - "मेषपाचकानां कलहः वानराणां नाशस्य कारणं भविष्यति । एषः मेषः प्रतिदिनं पाकशालां गच्छति । पाचकाः समीपे यत् किञ्चित् अस्ति तेन मेषं ताडयन्ति । समीपे अन्यवस्तु न भवति चेत् कदाचित् अग्निकाष्ठेन ताडयन्ति । मेषस्य शरीरम् ऊर्णमयम् । तत् झटिति ज्वलति । समीपे एव अश्वशाला अस्ति । मेषः तस्मिन् प्रवेशं करोति । अश्वशालायां शुष्कतृणानि सन्ति । तृणम् अपि बहु शीघ्रं ज्वलति । ततः सर्वे अश्वाः ज्वलन्ति । वानराणां मांसलेपनेन अश्वानां ज्वलनपीडापरिहारः भवति इति अश्वशास्त्रे उक्तम् अस्ति । अतः महाराजः अस्माकं वानराणां वधं करोति" ।

इति सः वृद्धवानरः चिन्तयित्वा वानरगणस्य समीपं गच्छति । एतत् सर्वं चिन्तनं कथयति । मेषपाचकानां कलहात् वानराणां अपायः अस्ति । अतः राजभवनं त्यक्त्वा वनं गच्छामः इति वदति । वानराः हसन्तः वदन्ति - "भोः वृद्ध, भवान् वृथा चिन्तां करोति । अत्र राजभवने विना श्रमम् उत्तमभोजनं प्राप्नुमः । वने कष्टेन भोजनं भवति । अतः वयं वनं न गच्छामः" । तत् श्रुत्वा वृद्धवानरः दुःखितः वानरगणं त्यक्त्वा वनं गच्छति ।

अपरस्मिन् दिने यथा वृद्धवानरः चिन्तितवान् तथैव भवति । पाचकाः मेषं अग्निकाष्ठेन ताडयन्ति । मेषः ज्वलितः अश्वशालां गच्छति । अश्वाशाला अपि ज्वलति । केचन अश्वाः अग्नौ मरणं प्राप्नुवन्ति । केचन शरीरे किञ्चित् दग्धाः इतस्ततः धावन्ति । तदा महाराजः अश्वशास्त्रज्ञम् अश्वपीडानिवारणस्य उपायं पृच्छति। अश्वशास्त्रज्ञः वानरमांसलेपनं तस्य औषधम् इति कथयति । महाराजः सर्वान् वानरान् मारयति । अश्वानां शरीरे वानरमांसलेपनं करोति ।

वृद्धवानरः एतत् सर्वं दूरात् पश्यति । वानरबान्धवानां मरणात् बहु दुःखितः भवति । सः वने जलं पातुं कस्यचित् जलाशयस्य समीपं गच्छति । सः जलाशयस्य तीरे पङ्के मनुष्याणां पादचिह्नानि पश्यति । तानि चिह्नानि केवलं जलप्रवेशदिशायाम् एव भवन्ति । जलात् बहिः आगमनस्य चिह्नानि न भवन्ति । तानि चिह्नानि दृष्ट्वा प्रायः अस्मिन् जलाशये कश्चित् प्राणिभक्षकः जलचरः भवेत् इति वानरः चिन्तयति । सः जले प्रवेशं न करोति । तीरप्रदेशे स्थित्वा कमलपुष्पस्य नालं गृहीत्वा तेन जलपानं करोति । तदा जलाशयस्य मध्यभागात् एकः राक्षसः बहिः आगच्छति । तस्य कण्ठे अनेकाः रत्नमालाः भवन्ति । राक्षसः वदति - "हे वानर, यः अस्मिन् जलाशये प्रवेशं करोति सः मम भक्ष्यं भवति । भवान् जलाशयात् बहिः एव स्थित्वा जलं पीतवान् । अहं भवतः चातुर्येण प्रसन्नः अस्मि । यत् किञ्चित् इच्छति तत् पृच्छतु" । वानरः वदति - "भवान् कति जनान् खादितुं शक्नोति?" राक्षसः वदति - "मम महती खादनशक्तिः अस्ति । अहं ये जले प्रविशन्ति तान् सर्वान् खादितुं शक्नोमि" । वानरः वदति - "उत्तमम् । भवान् एकां रत्नमालां मह्यं ददातु । अहम् अनेकान् जनान् अत्र आनयामि । ते सर्वे जलप्रवेशं करिष्यन्ति । तान् सर्वान् भवान् खादतु" । राक्षसः आनन्देन रत्नमालां ददाति ।

वानरः रत्नमालां गृहीत्वा राजभवनं गच्छति । तत्र महाराजः तथा तस्य परिवारजनाः सर्वे वृद्धवानरं पुनः दृष्ट्वा स्वागतं कुर्वन्ति । रत्नमाला कुतः प्राप्ता इति वानरं पृच्छन्ति । वानरः वदति - "वने एकः जलाशयः अस्ति । सूर्योदयसमये ये तस्मिन् जलाशये स्नानं कुर्वन्ति ते सर्वे रत्नमालां प्राप्नुवन्ति" । तत् श्रुत्वा महाराजः परिवारजनैः सह वनं गच्छति । वानरः वदति - "महाराज, प्रथमं भवतः परिवारजनाः जले प्रवेशं कुर्वन्तु । भवान् मया सह अनन्तरं प्रवेशं करोतु" । तदा सूर्योदयसमये सर्वे परिवारजनाः जलाशये प्रवेशं कुर्वन्ति । जले राक्षसः तान् सर्वान् भक्षयति । महाराजः वानरं पृच्छति - "हे वानर, मम परिवारजनाः किमर्थं जलात् बहिः न आगच्छन्ति?" तदा वानरः वृक्षम् आरोहति । वानरः वदति - "हे दुष्टराज, भवान् मम बन्धुजनान् सर्वान् मारितवान् । अतः अहं भवतः परिजनान् अत्र आनीतवान् । तान् सर्वान् जलराक्षसः खादितवान् । भवान् महाराजः इति अहं भवन्तं जले न प्रेषितवान् । भवान् इदानीं नगरं गच्छतु" । महाराजः ततः नगरं गच्छति । राक्षसः जलात् बहिः आगत्य वानरं वदति - "भवान् बहु उत्तमकार्यं कृतवान् । भवतः शत्रवः मृताः । भवान् मां मित्ररूपेण प्राप्तवान् । रत्नमालाम् अपि भवान् न त्यक्तवान्" ।

नीतिः
यः अतिलोभात् कार्यं करोति, परन्तु तस्य परिणामं न चिन्तयति सः दुर्गतिं प्राप्नोति ।

Revenge of the Monkey

Families get destroyed by quarrels. Friendship gets destroyed by ill-spoken words. Countries get destroyed by bad kings. Men get destroyed by bad deeds.

In some city, there was a king named Chandra. His children used to play with monkeys. They always used to give good food items to the monkeys. In that palace, for the princes' play, there were goats also. Amongst them, one goat everyday goes to the palace kitchen and eats different food items. Angry cooks beat that goat with whatever thing is nearby. Sometimes they beat it with a stick, sometimes with a vessel. Seeing that, an old monkey thinks - "The quarrel between the goat and the cooks will be the reason of destruction of monkeys. This goat goes to the kitchen every day. The cooks beat it with whatever is nearby. If there is no other thing nearby, sometime, they will beat it with a firestick. The goat's body is full of wool. That will ignite at once. The horse place is nearby only. The goat will enter it. In the horse place, there is dry grass. The grass also burns very quickly. Because of that, all the horses will burn. In the horse-science, it is written that the burn pain of horses is remedied by applying monkey's flesh. Therefore, the king will kill us the monkeys".

Thus, thinks that old monkey and goes near the group of monkeys. He tells them all this thought. Because of the quarrel between the goat and the cooks, there is a danger to the monkeys. Therefore, we shall leave the palace and go to the forest - he says. The monkeys laughingly say - "O old one, you think unnecessarily. Here in the palace, without effort, we get good food. In the forest, it is difficult to get food. Therefore, we will not go to the forest". Hearing that, the old monkey, with sorrow, leaves the group of monkeys and goes to the forest.

The next day, how the monkey had thought, same way it happens. The cooks beat the goat with a firestick. The goat, burnt, goes to the horse place. The horse place also burns. Many horses attain death in the fire. Some, burnt somewhat in the body, run here and there. Then, the king asks the horse-science-expert about the solution to reduce the pain of the horses. The horse-science-expert says applying monkey's flesh is the remedy for that. The king kills all the monkeys. He applies the monkeys' flesh on the bodies of the horses.

The old monkey sees all this from a distance. He becomes very grieved by the death of the monkey relatives. He goes near a lake to drink water. On the banks of the lake, in the mud, he sees footmarks of men. Seeing those marks, the monkey thinks - probably in this lake, there must be some animal-eating aquatic animal. He does not enter the water. Standing on the banks only, he holds the pipe of a lotus flower and by that he drinks water. Then, from the middle of the lake, a demon comes out. In his neck, there are many necklaces. The demon says - "Hey monkey, anyone who enters this lake, becomes my food. You stand outside the lake and drink water. I am pleased by your smartness. Ask whatever you want". The monkey says - "How many people you can eat?" The demon says - "I have a big capacity to eat. I can eat whoever enters this lake". The monkey says - "Good. You give me a diamond necklace. I will bring many people here. All of them will enter the water. You eat all of them". The demon happily gives the diamond necklace.

The monkey takes the diamond necklace and goes to the palace. There, the king and all the people around him seeing the old monkey again, welcome him. They ask the monkey from where the diamond necklace was obtained. The monkey says - "In the forest, there is a lake. Whoever bathes in that lake at the sunrise time, they all obtain diamond necklace". Hearing that, the king with his people go to the forest. The monkey says - "King, first let the people in your retinue enter the water. You enter afterwards with me. Then at the time of sunrise, all the king's people enter the lake. In the water, the demon eats them all. The king asks the monkey - "Hey monkey, why my people do not come out of the water?" Then the monkey climbs the tree. The monkey says - "Hey evil king, you killed all my relatives. Therefore, I brought all your people here. The water demon ate all of them. You are king, so I did not send you into the water. Now, you go to your city". The king goes to the city from there. The demon comes out of the water and says to the monkey - "You did a very good job. Your enemies are dead. You got me as a friend. You also did not abandon the diamond necklace".

Message
One who does a job with a lot of greed, but does not think of its result, he will attain misfortune.

विकालराक्षसः

यस्त्यक्त्वा सापदं मित्रं याति निष्ठुरतां सुहृत् ।
कृतघ्नस्तेन पापेन नरके यात्यसंशयम् ॥

कस्मिंश्चित् नगरे एकः महाराजः आसीत् । तस्य एका सुन्दरी कन्या आसीत् । कश्चन राक्षसः राजकन्यायाः अपहरणं कर्तुम् इच्छति स्म । परन्तु सा राजकन्या मन्त्रबलात् रक्षिता आसीत् । इति कारणात् राक्षसः तस्याः अपहरणं कर्तुम् असमर्थः आसीत् । तथापि सः प्रतिदिनं राजकन्यां पीडयति स्म । एकदा राक्षसः राजकन्यायाः प्रकोष्ठे प्रविश्य कोणे स्थितः । तदा राजकन्या सखीं वदति - "एषः विकालः मां नित्यं पीडयति । अस्य निवारणस्य कश्चित् उपायः अस्ति चेत् सूचयतु" । तत् श्रुत्वा राक्षसः चिन्तयति - "विकालः इति कश्चित् अन्यः राक्षसः राजकन्यां पीडयति । अहम् अश्वरूपं धृत्वा विकालराक्षसः कथम् अस्ति, तस्य रूपं किम् इति पश्यामि" । इति राक्षसः अश्वरूपेण अश्वशालायां तिष्ठति । तदा कश्चन चोरः राजभवनं प्रविशति । सः अश्वरूपिराक्षसस्य उपरि उपविशति । राक्षसः चिन्तयति - "अयम् एव विकालः नाम राक्षसः । मां मारयितुम् अत्र आगतः" । इति भयात् राक्षसः ततः वेगेन धावति । अश्वस्य वेगः अस्ति इति कारणात् चोरः तस्य पृष्ठे एव उपविश्य बहु दूरं गच्छति । यदा अश्वः कस्यचित् वृक्षस्य अधः आगच्छति तदा चोरः वृक्षशाखाम् अवलम्ब्य अश्वात् अधः अवतरति । तस्मिन् वृक्षे एकः वानरः आसीत् । सः वानरः राक्षसस्य मित्रम् आसीत् । सः भीतम् अश्वरूपिराक्षसं दृष्ट्वा वदति - "हे राक्षस, किमर्थं भवान् भीतः । एषः मानवः । भवतः भक्षणस्य योग्यः" । राक्षसः अश्वरूपं त्यक्त्वा निजरूपे आगच्छति । सः वानरस्य वचने संशयं कृत्वा चोरं न भक्षयति । वानरस्य वचनं श्रुत्वा चोरः तस्य पुच्छं दन्तैः कर्तयति ।

नीतिः

अपायकाले पलायनम् अपि उचितम् ।

Vikala, the Demon

One who abandons his friend during troubled times, that ungrateful person will go to hell because of that sin.

In some city, there was a king. His had a beautiful daughter. Some demon was wanting to kidnap her. But that princess was protected by power of a mantra. Therefore, the demon was unable to kidnap her. Even then, he used to trouble her every day. Once the demon entered the princess's room and stood in a corner. Then the princess said to the friend - "This Vikaala (bad person) troubles me every day. If there is any idea to get rid of this person, let me know". Hearing that, the demon thinks - "Some other demon called Vikaala troubles the princess. I will turn into a horse and see how is the Vikaalaa demon, what are his looks". Thus, the demon stands in the horse barn in the form of a horse. Then some thief enters the palace. He sits on the demon who was in horse's form. The demon thinks - "This is the demon named Vikaala. He came here to kill me". Thus, with fear, the demon runs fast from there. Because the horse is fast, the thief sits on its back only and goes much far. When the horse comes under some tree, then the thief holding a branch of the tree, climbs down. In that tree, there was a monkey. That monkey was a friend of the demon. He sees the demon in the form of a horse and says - "Hey demon, why are you afraid? This is a human. He is good as your food". The demon abandons the horse's form and comes into his original form. Doubting the words of the monkey, the demon does not eat the thief. Hearing the monkey's words, the thief cuts its tail by his teeth.

Message
It is good to run away from danger.

अन्धः कुब्जः च

यः सततं परिपृच्छति श्रृणोति सन्धारयत्यनिशम् ।
तस्य दिवाकरकिरणैर्नलिनीव विवर्धते बुद्धिः ॥

मधुपुरं नाम नगरम् आसीत् । तत्र मधुसेनः नाम राजा । तस्य वक्रबाहुसहिता विकलाङ्गा कन्या जाता । तत् श्रुत्वा महाराजः सचिवं वदति - "विकलाङ्गकन्याम् अहं न इच्छामि। एतां कन्यां कस्मिंश्चित् वने त्यक्त्वा आगच्छतु" । सचिवः वदति - "महाराज, ब्राह्मणम् एकम् आहूय कन्याविषये पृच्छतु" । महाराजः कञ्चित् ब्राह्मणम् आहूय कन्याविषये किं करणीयम् इति पृच्छति । ब्राह्मणः वदति - "विकलाङ्गदर्शनम् अनिष्टकारकम् । अतः भवान् कन्यां त्यजतु । अथवा कस्मैश्चित् पुरुषाय विवाहे दत्त्वा दूरदेशं प्रेषयतु" । महाराजः नगरे सर्वत्र घोषणां करोति - "यः कोऽपि विकलाङ्गराजकन्यया सह विवाहं करोति सः सहस्रसुवर्णनाणकानि प्राप्नोति । सः कन्यया सह देशत्यागम् अपि करोति" ।

बहुकालपर्यन्तं विवाहार्थं कोऽपि न आगच्छति । कन्या युवती भवति । नगरे एकः अन्धः आसीत् । तस्य समीपे साहाय्यार्थम् एकः कुब्जः आसीत् । अन्धः तथा कुब्जः चिन्तनं कृतवन्तौ - "विवाहेन कन्यया सह सुवर्णप्राप्तिः भवति । सुखेन जीवनं भवति । यदि विकलाङ्गदर्शनात् मरणं भवति चेत् दरिद्रजीवनस्य अन्तः भवति । नास्ति चिन्ता" । इति अन्धः कुब्जेन सह राजभवनं गच्छति । महाराजस्य पुरतः राजकन्यया सह विवाहस्य इच्छां कथयति । महाराजः सन्तोषेण कन्याम् अन्धाय विवाहे ददाति ।
अन्धः पत्न्या तथा कुब्जेन सह दूरदेशं गत्वा सुखेन वसति । बहूनि दिनानि अतीतानि । अन्धस्य पत्नी कुब्जे अनुरक्ता भवति । कुब्जः अपि तस्याम् अनुरक्तः भवति । अन्धस्य पत्नी कुब्जं वदति - "एतम् अन्धं मारयित्वा भवता सह सुखेन वसामि । किञ्चित् विषम् आनयतु" । कुब्जः मार्गे मृतं कृष्णसर्पं पश्यति । सः सर्पम् आनयति । अन्धपत्नीं वदति - "एतं कृष्णसर्पं कर्तयित्वा पचतु । अन्धस्य मत्स्यमांसम् अति प्रियम् । एतत् मत्स्यमांसस्य भक्ष्यम् इति अन्धाय ददातु" । अन्धपत्नी कृष्णसर्पं खण्डशः कृत्वा पात्रे स्थापयति । पात्रं अग्नौ स्थापयति । सा अन्धं वदति - "भवतः प्रियं मत्स्यमांसं पाचनाय अग्नौ तिष्ठति । अहं किञ्चित् गृहकार्यं करोमि । भवान् तावत् दर्वीं गृहीत्वा पात्रे प्रचालनं करोतु" ।

अन्धः दर्वीं गृहीत्वा पात्रस्य समीपे तिष्ठति । सर्पस्य ज्वलनात् विषवायुः बहिः आगच्छति । विषवायुः अन्धस्य नेत्रद्वयं स्पृशति । तेन अन्धस्य दृष्टिः आगच्छति । सः द्रष्टुं शक्नोति । सः पात्रे सर्पखण्डान् पश्यति। पत्न्याः कुतन्त्रम् इदम् इति सः चिन्तयति । सत्यं ज्ञातुं सः पुनः अन्धः इव तिष्ठति । किञ्चित् कालानन्तरं कुब्जः गृहम् आगच्छति । अन्धपत्न्या सह अनुरागेण सम्भाषणं करोति । अन्धः तत् दृष्ट्वा कोपेन कुब्जं स्कन्धे गृहीत्वा वेगेन तं भ्रामयति । भ्रमणकाले कुब्जस्य शरीरम् अन्धपत्न्याः वक्रबाहुं वेगेन स्पृशति । तस्मात् संघट्टनात् तस्याः बाहुः सरलः भवति । वेगभ्रमणात् कुब्जस्य शरीरम् अपि सरलं भवति ।
नीतिः
दैवबलात् सिद्धिः सरलः भवति ।

The Blind and the Hunchback

One who always asks and listens to others' advice, his intellect will grow like a flower blooming in sun rays.

There was a city called Madhupur. There was the king named Madhusena. A girl disabled with crooked arm was born to him. Hearing that, the king said to the minister - "I do not like disabled girl. Leave this girl in some forest and come". The minister says - "King, call a brahmana and ask him about the girl's matter". The king calls some brahmana and asks him what to be done about the girl's matter. The brahmana says - "Looking at a disabled is ominous. Therefore, you abandon the girl. Or else, give her in marriage to some man and send her to a distant place". The king announces everywhere in the city - "Anyone who marries the disabled princess, will get a thousand gold coins. He will also leave the country with the girl".

For a long time, no one comes for the marriage. The girl turns young. In the city, there was a blind man. With him, for help, there was a hunchback. The blind and the hunchback thought - "By marriage, girl and gold will be obtained. The life will be joyful. If by looking at the defect of disability, (our) death happens, then the miserable life will end. No worries". Thus, the blind goes to the palace with the hunchback. In front of the king, he tells about the desire to marry the princess. The king happily gives the girl to the blind in marriage.

The blind with the wife and the hunchback goes to a distant place and lives happily. Many days pass by. The blind's wife gets interested in the hunchback. The hunchback also gets interested in her. The blind's wife says to the hunchback - "I will kill this blind and will live happily with you. Bring some poison". The hunchback sees a dead black snake on the road. He brings the snake. He says to the blind's wife - "Cut this snake and cook it. The fish meat is favorite of the blind. Give this to the blind saying this is fish meat". The blind's wife cuts the black snake into pieces and puts in a vessel. She puts the vessel on fire. She says to the blind - "Your favorite fish meat is on the fire for cooking. I will do some housework. In the meantime, you take a ladle and stir it in the vessel".

The blind takes the ladle and stands near the vessel. By burning of the snake, the poisonous air comes out. The poisonous air touches the eyes of the blind. By that, the blind's vision comes. He can see. He sees the snake pieces in the vessel. He thinks this is the plot of the wife. To know the truth, he stands again like a blind. After some time, the hunchback comes home. He speaks lovingly with the blind's wife. The blind, seeing that, angrily takes the hunchback on his shoulders and spins him fast. While spinning, the hunchback's body touches the wife's crooked arm with speed. By that strike, her arm becomes straight. Because of fast spin, the hunchback's body also becomes straight.

Message
The success becomes easy because of fate.

राक्षसव्रतम्

बुद्धेर्बुद्धिमतां लोके नास्त्यगम्यं हि किञ्चन ।
बुद्ध्या यतो हता नन्दाश्चाणक्येनासिपाणयः ॥

कस्मिंश्चित् वने एकः राक्षसः आसीत् । सः एकदा वने भ्रमन्तं ब्राह्मणं पश्यति । सः ब्राह्मणस्य स्कन्धम् आरोहति । अनन्तरं सः ब्राह्मणम् अग्रे गन्तुं कथयति । ब्राह्मणः भयात् राक्षसं गृहीत्वा अग्रे गच्छति । किञ्चित् दूरं गत्वा ब्राह्मणः राक्षसस्य कोमलपादौ पश्यति । ब्राह्मणः राक्षसं पृच्छति - "कथं भवतः पादौ अतीव कोमलौ?" राक्षसः वदति - "मम एकं व्रतम् अस्ति । जलमयपादेन अहं भूमिं न स्पृशामि । किञ्चित् पूर्वम् एव अहं जलाशयं गतवान् । अतः मम पादौ इदानीम् अपि कोमलौ" । किञ्चित् दूरं गत्वा राक्षसः पुनः वदति - "इदानीं मम स्नानकालः । अत्र समीपे जलाशये स्नानं कृत्वा अहम् आगमिष्यामि । भवान् अत्र एव तिष्ठतु" । इति उक्त्वा राक्षसः जलाशयं गच्छति । ब्राह्मणः चिन्तयति - "एषः राक्षसः पुनः आगत्य मां भक्षयति । अतः अहं शीघ्रं गच्छामि । स्नानानन्तरं राक्षसः जलमयपादेन मम पृष्ठतः न आगच्छति" । इति ब्राह्मणः ततः पलायनं करोति ।

नीतिः
अपायसमये उपायः कर्तव्यः ।

Vow of the Demon

For the wise, nothing is unachievable in this world. The sword carrying Nanda kings were killed by Chanakya using his wisdom.

In some forest, there was a demon. He once saw a brahmana roaming in the forest. He climbs the shoulders of the brahmana. Afterwards, he tells he brahmana to go forward. The brahmana with fear, takes the demon and goes forward. After going some distance, the brahmana sees the soft feet of the demon. The brahmana asks the demon - "How come your feet are very soft?" The demon says - "There is a rule of mine. I do not touch the ground with wet feet. Before sometime only, I went to a pond. Therefore, my feet are still soft". After going some distance, the demon talks again - "Now is my bathing time. Here, I will come after bathing in a pond nearby. You stay here only". Saying thus, the demon goes to the pond. The brahmana thinks - "This demon will come back and will eat me. Therefore, I will go quickly. After the bath, the demon will not come after me with wet feet". Thus, the brahmana runs away from there.

Message

One should act upon seeing the danger.

द्विमुखः भारुण्डः

इच्छति शती सहस्रं साहस्री लक्षमीहते ।
लक्षाधिपतिस्तथा राज्यं राज्यस्थः स्वर्गमीहते ॥

कस्मिंश्चित् सरोवरे भारुण्डः नाम पक्षी आसीत् । तस्य मुखद्वयम् आसीत् । परन्तु उदरम् एकम् एव आसीत्। एकदा सः सरोवरस्य तीरे पतितं नूतनफलं पश्यति । एकं मुखं तत् फलं खादति । तत् मुखं वदति - "अहो, अतीव मधुरफलम् इदम् । एतादृशं फलं पूर्वं कदापि न खादितवान्"। तत् श्रुत्वा द्वितीयं मुखं वदति - "भोः, किञ्चित् फलं मह्यं ददातु । अहम् अपि तस्य रसास्वादं करोमि" । प्रथमं मुखं हसित्वा वदति - "मम खादनेन फलम् एकस्मिन् उदरे एव गच्छति । भवतः अपि तृप्तिः भवति । भवतः पृथक् खादनेन किं प्रयोजनम् । अहम् एतत् अवशिष्टं फलं पत्न्यै ददामि" । इति सः फलं पत्न्यै दत्तवान् । पत्नी तत् फलं खादित्वा सन्तुष्टा भवति । सा प्रथममुखेन सह प्रीत्या भाषणं करोति । तत् दृष्ट्वा द्वितीयमुखं बहु दुःखितः भवति ।

एकदा सरोवरस्य तीरे एकं विषफलं पतति । तत् दृष्ट्वा द्वितीयमुखम् अन्यत् मुखं वदति - "भोः अधम, भवान् मम अपमानं कृतवान् । ततः इदानीम् अहं विषफलम् इदं खादामि" । प्रथममुखं वदति - "भोः मूर्ख, विषफलं मा खादतु । तेन उभयोः विनाशः भवति" । तथापि कोपेन द्वितीयमुखं विषफलं खादति । एवं भारुण्डपक्षी मरणं प्राप्नोति ।

नीतिः
यः सज्जनानां हितवचनं न शृणोति सः विनश्यति ।

The Two-headed Bird

One who has hundreds, wants thousand. One who has thousands, wants lakh. One who has lakhs wants kingdom. One who has kingdom, wants heaven.

In some lake, there was a bird named Bharunda. He had two faces. But there was only one belly. Once, he saw a fruit fallen on the banks of the lake. One face eats that fruit. That face says - "Oh, this fruit is very sweet. I have never eaten a fruit like this before" . Hearing that, the second face says - "O, give me some of the fruit. I will also taste it". The first face laughs and says "By my eating, the fruit goes into the same belly. You will also get satisfaction. What is the use of you eating it separately? I will give this remaining fruit to the wife". Thus, he gives the fruit to the wife. The wife eats that fruit and becomes happy. She talks with love to the first face. Seeing that, the second face becomes very grieved.

Once, on the banks of the lake, a poisonous fruit falls. Seeing that, the second face says to the other face - "O the mean one, you insulted me. Therefore, I will eat this poisonous fruit now". The first face says - "O stupid, do not eat the poisonous fruit. By that, destruction of both will happen". Even then, the second face, with anger, eats the poisonous fruit. Thus, the Bharunda bird attains death.

Message
One who does not listen to the good words of wise people, will perish.

मार्गमित्रम्

एकः स्वादु न भुञ्जीत नैकः सुप्तेषु जागृयात् ।
एको न गच्छेदध्वानं नैकश्चार्थान् प्रचिन्तयेत् ॥

कस्मिंश्चित् ग्रामे ब्रह्मदत्तः नाम ब्राह्मणः आसीत् । एकदा सः कार्यार्थं अन्यनगरं गन्तुं सिद्धः भवति । तदा तस्य माता वदति - "पुत्र, भवान् एकाकी मा गच्छतु । मार्गे कश्चित् अपायः भवितुं शक्नोति" । ब्रह्मदत्तः वदति - "अस्मिन् मार्गे अपायः नास्ति । अहम् एकाकी गच्छामि" । माता वदति - "एवं तर्हि एतं कर्कटं गृहीत्वा गच्छतु" । अस्तु इति ब्रह्मदत्तः कर्कटम् एकस्मिन् सुगन्धितवस्त्रे स्थापयति । तत् वस्त्रं एकस्मिन् पात्रे स्थापयति। तत् पात्रं गृहीत्वा प्रयाणं करोति ।

मार्गे कस्यचित् वृक्षस्य अधः सः निद्रां करोति । वृक्षस्य कोटरात् एकः सर्पः बहिः आगच्छति । सर्पः ब्रह्मदत्तस्य समीपम् आगच्छति । पात्रात् सुगन्धः आगच्छति । सुगन्धः सर्पाय अतीव प्रियः । अतः सर्पः ब्रह्मदत्तं त्यक्त्वा पात्रस्य समीपं गच्छति । पात्रे सुगन्धितवस्त्रम् उद्घाटयति । तदा कर्कटः सर्पं मारयति । ब्रह्मदत्तः उत्थाय पश्यति । पात्रस्य समीपे मृतसर्पः भवति । तत् दृष्ट्वा ब्रह्मदत्तः चिन्तयति - "माता यत् उक्तवती तत् सत्यम् । तस्याः वचनेन अहम् एकाकी न आगतवान् । अतः मम रक्षणम् अभवत्" ।

नीतिः
अपायकरमार्गे एकाकी न गच्छेत् ।

Friend on the Road

One should not eat a tasty thing alone. One should not get up alone while many are sleeping. One should not go on a road alone. One should not think of profit alone.

In some village, there was a brahmana named Brahmadatta. Once, for work, he gets ready to go to another city. Then his mother says to him - "Son, you do not go alone. On the way, some danger might happen". Brahmadatta says - "On this way, there is no danger. I will go alone". The mother says - "If so, take this crab and go". Brahmadatta says okay and puts the crab in a fragrant cloth. He puts the cloth in a box. He takes that box and travels.

On the road, he sleeps under some tree. From a cavity of the tree, comes out a serpent. The serpent comes near Brahmadatta. The fragrance comes out of the box. The fragrance is very favorite of the serpent. Therefore, the serpent leaves Brahmadatta and goes near the box. It opens the fragrant cloth in the box. Then the crab kills the serpent. Brahmadatta wakes up and sees. Near the box, there is a dead serpent. Seeing that Brahmadatta thinks - "What mother said was right. Because of her words, I did not come alone. Therefore, my saving took place".

Message
One should not go alone on a dangerous road.

अधीते य इदं नित्यं नीतिशास्त्रं श्रृणोति च ।
न पराभवमाप्नोति शक्रादपि कदाचन ॥

One who always studies and listens to this science of
strategies, does not anytime get defeated even by Indra
(the king of gods)

=========== इति शम् ===========